평생 스무살, 50+
나는 여전히 설렌다

평생 스무살, 50+
나는 여전히 설렌다

안성미

걱정한다고 이루어지는 것은 하나도 없습니다.
이 글을 읽고 있는 순간도 시간은 흐르고 있습니다.
도전하세요!!

고찌허게북스

프롤로그

25년 가까이 수학강사로 입시학원을 운영하면서 유방암에 걸리고 큰아들의 2번의 뇌출혈, 부모님 병고, 사업 실패로 인한 경제적 어려움 등 인생을 살면서 참 많은 좌절과 시련을 겪었어요. 힘든 일을 겪을 때마다 저를 지켜봐 주시는 분들이 한결같이 하시는 말씀은 '이 또한 지나가리, 견뎌라.'였지요. 그래서 견뎌냈습니다.

사회복지사 공부를 하면서 치매 예방 강사가 되었고 아픈 시니어분들을 많이 뵈었어요. 좁은 침대에서 온종일 시간을 보내는 분들을 보면서 속상하고 안타까웠습니다.

우리는 누구나 늙고 병들 수 있어요. 지금 여러분이 이 글을 읽는 이 순간에도 시간은 흐르고 있으니까요. 제가 실제로 아픔을 경험했고 눈으로 보면서 건강하게 사는 것도 노력해야 한다는 것을 알게 되었습니다.

건강하고 활기차게 살고 싶으시죠? 나이 들면서 치매도 걱정되고, 허약해지는 건강도 염려가 되고, 도대체 자다가 일어나면 바뀌는 이 디지털 세상에서 과연 무엇을 해야 할지 어떻게 살아가야 할지 막막하신 분들 많으실 겁니다. 저도 그랬으니까요.

걱정한다고 이루어지는 것은 하나도 없습니다. 여태껏 그렇게 살아왔는데 또 되풀이할 필요 없잖아요. 공부하고 실천하면 얼마든지 건강하게 행복하게 50+인생을 잘 살 수 있습니다. 이 책이 여러분들에게 도움을 드릴 것입니다.

1장에서는 우리가 가지 않은 그 길을 액티브시니어로서 살고 있고 꿈을 실천하는 분들을 중심으로 우리의 길을 찾고자 했습니다.

2장에서는 건강한 뇌로 기억력 강화를 위한 일상생활에서 꼭 필요한 생활 습관을 상세하게 적었습니다.

3장에서는 노화로 오는 신체를 간단한 운동과 실천 가능한 방법으로 건강하게 유지할 수 있도록 안내를 해 드렸습니다.

4장에서는 아날로그 시대를 살았던 시니어들이 디지털 세상을 어떻게 적응해가면서 살아야 하는지에 대한 구체적인 방법들을 제시했습니다.

5장에서는 50+인생을 더 지혜롭고 행복하게, 그리고 활동적으로 보낼 수 있도록 '나를 훈련하는 방법'들을 담았습니다.

저마다 각자 인생의 여정을 잘 살아왔습니다. 저 역시 열심히 견디면서 살았고, 그 경험과 지식으로 최선을 다해 기록하고자 노력했습니다. 여러분들은 이 책을 읽으면서 많은 것들을 얻게 될 것입니다. 여러분의 50+인생의 슬기로운 지침서가 되기를 간절히 바랍니다.

추천사

불과 몇 년 전만 해도 나이 50이면 서서히 삶을 정리해야 한다고 생각했던 나이다. 그러나 이제는 100세, 아니 그 이상을 살아야 할 시기가 되었다.

만약에 20대에 앞으로 30년의 미래를 내다보고 인생을 설계했더라면 지금의 나는 어떻게 살고 있을까 생각해본다.

인간의 수명이 점점 늘어나는 현상이 사회적인 이슈로 대두되고 있는 시대에 나이 50+ 는 앞으로 살아가야 할 30년의 인생을 다시 새롭게 설계할 수 있는 최고의 시간이라고 볼 수 있다.

앞으로의 30년 삶을 설계하려면 오프라인에서 모든 것을 해결하고 살던 기존의 틀을 깨고 온라인을 함께 어우를 수 있어야 한다. 블로그, 인스타, 유튜브, 스마트 스토어 등 SNS에 관해서 알아야만 수월하게 살아갈 수 있다.

안성미 작가님은 온라인 세상에서 종횡무진 활동하는 '활동적 장년'의 선두주자다. 작가의 경험을 차근차근 친절하게 담아 놓은 이 책을 읽으면 아직 '액티브시니어'에 들어오지 않은 '시니어'들도 한 발, 한 발 세상 속으로 들어올 수 있을 것이다.

50+ 액티브한시니어의 삶을 준비하시는 분들 꼭 읽어 보시기를 바란다.

<진짜 나로 발견하는 아이로 키워라>저자 지인옥

우리 조상들의 전통적인 음식들은 모두 발효의 맛이다. 김장, 된장, 간장 등이 모두 그러하다. 이 책의 저자는 자신의 아픔을 오랜 시간 장독대를 지켜온 맑은 간장처럼 담백하게 말한다. 유방암을 겪은 이야기, 아들의 뇌출혈 이야기, 모두가 그 무게가 만만치 않은 힘든 일을 경험하였음에도 그런 슬픔의 여울에 대한 넋두리는 어디에도 없다. 이 책은 그렇게 언제나 우리의 뒤란을 지켜오던 장독대의 항아리를 보듯 편안하게 읽혀서 가볍고 좋다.

시니어 세대 혹은 이제 막 시니어의 문 앞에 와 있는 세대 모두에게 그녀의 가벼움과 밝음을 선사하고 있다. 그저 하루하루 열심히 살아낸 모습이 그 모습을 읽으면서 우리 모두의 미래가 밝아 질 것이다. 앞이 캄캄한 상황을 만날 때마다 공부를 해왔고 오십이 되면서 20여개의 자격증에 매진해 온 그녀에게 박수를 보낸다. '꿈꾸는 자는 늙지 않는다.'를 그녀는 일상으로 실천하며 산 것이다.

인생의 황금기를 잘 보낼 처방전을 자세하게 소개한다. 신박하게 걷기, 디지털과 친구하기, 명상하기 등이다. 모두 알고는 있지만 실천하기는 만만하지 않다. 하지만 이 책을 읽고 이제 남은 시간의 버킷리스트를 작성하고 실천 방안을 모색해 보면 좋겠다.

얼마 전 지인의 아버님이 용감하게 돌아가셨다. 일생을 농부로 살아오신 아버지의 삶을 존경해 왔는데 그 중 가장 아름다운 것은 임종의 모습이었다고 한다. 당당하고도 지극히 맑은 정신으로 연명 치료를 거부하고 "나 갈겨. 오늘 밤에." 라고 죽음을 그렇게 멋지게 맞이하는 모습은 숭고함을 넘어 감동 그 자체였다. 그렇게 멋지고 용감하게 삶의 마지막 순간을 맞이하는 것은 얼마나 아름다운가. 이 책을 읽고 독자들이 건강한 시니어의 시간을 보내고 아름다운 삶을 붉게 꽃 피우기를 희망한다.

(사) 한국문화예술진흥협회 부이사장 황보 현

언제부터인가 '두 번째 스무살'이라는 단어가 인스타, 블로그, 유튜브 등 SNS 채널에서 자주 보였다. 특히 '리부트'의 김미경 작가가 운영하는 MKYU 대학생들은 누구나 '두 번째 스무 살'이라는 해시태그를 사용했다. 40대라는 표현보다 '두 번째 스무 살'이라는 표현이 더 밝고 활기차게 느껴졌고, 40대가 훌쩍 지나버린 나도 은근슬쩍 그 대열에 끼고 싶은 마음이 들었다. 나처럼 좀 더 밝고 활기찬 모습으로 자신을 표현하고 싶은 사람이 많았는지 이제는 '세 번째 스무 살'이라는 단어도 많이 보인다. '세 번째 스무 살'을 다르게 표현하는 단어가 '액티브 시니어'라고 한다.

'액티브시니어'는 스마트 폰, 유튜브 등 다양한 디지털 생활을 하는 50~60대를 말한다고 한다. 나는 액티브 시니어라는 표현을 처음 알았다.

블로그를 몇 년 전부터 하고 있지만 내가 읽은 책을 소개하고, 일상을 적은 일기장 같은 용도였다. 그러다가 블로그 전문가에게 교육을 받고 블로그를 새롭게 꾸몄다. 인스타 역시 혼자서 힘겹게 하다가 인스타 전문가에게 교육을 받고 하나씩 기능을 익혀가면서 지금까지 하고 있다. 기계치에 컴퓨터를 다룰 줄 모르는 내가 블로그, 인스타 등 SNS를 하려니 처음에는 어렵고 답답할 때가 많았고 나 자신에게 실망스러워 그만두고 싶은 순간도 많았다. 하지만 그런 고비를 한 단계 한 단계 넘으면서 작은 성취감도 맛 볼 수 있었고 무엇보다 좋은 사람들을 많이 만날 수 있는 행운을 얻었다.

"그동안 이런저런 힘든 인생살이도 잘 살아 온 중장년, 액티브시니어들이여, 디지털 세상은 유익한 것이 많아 재밌고 신기한 곳이다.....50+ 인생은 디지털과 함께"(163페이지)

작가의 초대에 마음을 열고 용기를 내서 디지털 세상에 들어가 보자. 작가가 친절하게 알려주는 길을 따라 가다보면 나도 어느새 '액티브 시니어'가 되어있는 자신을 발견하게 될 것이다.
몸과 마음이 건강하고 활기찬 '액티브시니어' 파이팅!!!

생각연필 대표 오애란작가

차례

4장 디지털과 친구하자

5장 마음의 평온함을 유지하라

에필로그

PART 1

액티브시니어로
100세를 건강하게

여러분은 10년 후에 무엇을 하고 계실 건가요?

지금 바로 시작하지 않으면 늦습니다.

무엇을 시작하든 지금이 가장 젊은 나이이니까요.

활동적 장년 = 액티브시니어란?

 내 나이 50살, 시니어의 대열에 들어가고 있다. 시니어라는 단어는 그리 반가운 말이 아니다. 파릇파릇한 청춘의 날들만 계속될 것 같았고, 시니어라는 나이는 오지 않을 것처럼 자신만만하게 살았다. 언론이나 주변에서 말하는 고령화 세대의 이야기는 다른 사람의 이야기라고 생각했다.

 몇 년 전, 세수하고 거울을 보는 순간, 나도 모르게 깜짝 놀랐다. 어느새 눈가에 자리 잡아버린 주름, 통통했던 볼살은 어디 가고 홀쭉하고 푸석해진 얼굴이 나를 쳐다보고 있었다.

 "내가 벌써 50이 넘었어?"

 인정하고 싶지 않지만 나는 이미 50대 중반의 신중년 시니어 대열에 들어가 있었다. 열심히 살아온 50년, 그리고 남은 50년. 100세 시대에 나는 어떤 준비를 해야 할까?

 100세 시대를 살아가야 하는 시니어들의 제2의 삶을 위한 준비는 요즘 시대의 뜨거운 이슈가 되었다. 은퇴가 빨라지고 노년의 수명이 점점 늘어나고 있는 시기에 삶의 현역인 직장에서 은퇴하고 그 이후의 삶을 준비하는 50~60대를 신중년 또는 활동적 장년이라고 한다.

 '신중년'이란 자기 자신을 가꾸고 인생을 행복하게 살기 위해 노력하며 젊게 생활하는 중년을 말한다. 많은 사람이 신중년의 삶을 어떻게 해야 알차고 가치 있게 보낼 수 있을지를 고민하고 있다.

숭실사이버대학교 학과장 이호선 교수는 《신중년의 특징 분석 칼럼》에서 '신중년'은 일본통치시대를 막 마치고 태어난 이들부터 한국전쟁 이후 태어난 베이비부머 세대로, 첫 공교육을 받은 세대이면서 폐허가 된 도시에서 엘리베이터가 있는 높은 빌딩을 만든 세대라고 말했다.

이혼과 재혼을 당당하게 하는 세대이면서 무작정 자식이 효를 행해야 한다는 것에 반기를 든 세대이다. 자신의 삶을 소중하게 생각하며 유산을 남기지 않는 세대, 100세까지 장수하는 세대이면서 환갑잔치를 포기한 첫 세대이다.

이들의 선택은 그동안 보지 못했던 선택이고 경험 또한 전례 없던 일이었다. 끌려가지 않고 이끌어가는 사람들이다. 지금의 50~60대가 여기에 속한다. 이 세대는 스마트폰, 유튜브 등 다양한 디지털 생활을 하는 소비시장의 큰손으로 일컬어진다. 그래서 새롭게 지어진 이름이 바로 '액티브시니어'(Active Senior)[1]다.

---

1) 이 책에서는 '액티브 시니어' 대신 '액티브시니어'라고 붙여 사용하기로 한다.

액티브시니어는 과학과 의학의 발달로 평균 수명이 길어지면서 나이가 들어도 젊고 건강하게 살기 위해 노력하며, 자아실현을 위해 시간과 노력을 아끼지 않으려는 사람들이 증가하면서 나타났다. 앞으로는 특별한 사고나 질병이 없다면 100세 그 이상을 바라보는 시대가 되었다. 또한 국가적 연금제도와 사적인 연금제도, 근로소득, 사업소득으로 인해 경제력이 예전보다 높아졌다.

문화체육관광부와 국립국어원은 쉬운 우리 말로 대체할 필요가 있다고 판단, '액티브시니어' 대신 '활동적 장년'이라는 표현을 사용할 것을 권했다. 나는 '활동적 장년 액티브시니어'라는 말을 함께 사용하고자 한다.

5070 시니어 매거진 '브라보 마이 라이프'와 한국리서치와 공동으로 50~60대 3,299명을 대상으로, '액티브시니어들의 삶은 평균적인 50~60대의 사람들과 어떻게 다를까?'라는 주제로 설문조사를 진행하였다. 여기서 자신의 소득이 있고, 자신을 '능력 있는 사람'이라고 평가한 응답자를 '액티브시니어'로 정의 했다. 조사에 참여한 액티브시니어는 총 707명이었다. 이 설문은 활동적 장년 액티브시니어의 특징을 잘 보여주고 있다.

구분	액티브시니어	50~60대
미래를 걱정하기에 앞서 현재의 삶을 즐김	48.4%	35.6%
나는 인생의 도전, 새로운 변화 등을 추구하는 편	58.8%	38.7%
사는 것이 행복하다.	59.5%	43.5%
여가 생활에 많은 돈을 쓰는 편	36.8%	22.2%
취미활동을 위한 모임이나 동호회 활동에 정기적으로 참여한다.	43.0%	33.3%
나에 대한 투자가 아깝지 않다.	36.8%	22.2%
몸에 안 좋은 음식은 먹지 않는다.	44.7%	39.0%
몸무게를 빼기 위해 노력하는 편이다.	40.5%	34.0%
아름다워지기 위해 성형해도 괜찮다.	37.9%	32.6%
다른 사람들의 이목을 의식한다.	49.2%	36.5%
가격이 비싸도 유명상표 제품을 선택한다.	32.9%	23.1%
비싸더라도 분위기 있는 음식점을 선호한다.	31.3%	20.4%
자원봉사나 기부에 참여하고 있는가?	36.7%	28.6%
사회공헌을 많이 하는 기업의 제품을 구매한다.	41.2%	35.8%

결과는 흥미로웠다. 액티브시니어는 50~60대에 비해 자신감 넘치고 행복한 세대이며 자신에게 투자하는 것을 아끼지 않는다.

노년기를 인생의 종말기로 생각하며 우울해하고 죽음을 준비하는 것이 아니라, 자아실현이 가능한 기회의 시기로 보고 제2의 인생을 준비한다.

그래서 끊임없이 새로운 것에 도전하고 배우기를 희망한다. 그림을 그리고 악기를 배우고 외국어 공부를 한다. 글쓰기를 하고 새로운 일을 위해 자격증 공부를 한다.

또한 액티브시니어는 외모에 관심이 많다. 아름다움을 추구하기 위해 보톡스를 맞거나 성형수술(쌍꺼풀수술, 팔자주름, 하안검수술)도 과감하게 한다.

건강에 관심이 많아서 건강기능식품, 보조제 등의 주요 소비 계층이다. 성인 전체에서 먹고 있는 사람은 절반이 되지 않지만(45.4%) 액티브시니어는 60.7%가 내 몸을 위해 기능성 식품을 먹고 있었다.

비싸더라도 건강한 먹거리를 선호하는 액티브시니어. 건강관리를 위하여 끊임없이 운동과 스포츠를 즐기는 액티브시니어. 일과 여가(낚시와 골프, 타문화와 적극교류)를 병행하는 액티브시니어.

나이 듦이 결코 즐거울 수는 없다. 하지만 어차피 오는 것이고 싫어도 맞이해야 한다면 기쁘게 받아들이자. 그동안 살아온 세월만큼 더 살아야 한다면 이제는 제대로 한번 살아보자.

나이가 들수록 우리는 더 현명해지며 현명해질수록 더 행복해진다. 유연하게 나의 인생을 활동적 장년 액티브시니어로 살아보는 것은 어떨까?

지금이 내 생애의 가장 젊은 날이다

"어제는 역사이고 내일은 미스터리이며, 오늘은 선물이다. 그렇기에 우리는 현재(Present)를 선물(Present)이라고 말한다. 더글러스 대프트

우연히 책장을 정리하다가 먼지가 뽀얗게 쌓인 앨범을 볼 기회가 있었다. 학창 시절, 젊은 시절의 풋풋한 내 모습이 들어 왔다. 과거로의 시간 여행에 잔잔한 미소가 비치는 순간 앨범을 넘기는 내 손등에 눈길이 가면서 멈칫했다. 햇볕에 비친 내 손등은 파란 힘줄이 툭 튀어나오고 피부는 쭈글쭈글했다.

몇 번을 뒤집어 보고 살펴봐도 내 손은 이미 예전에 뽀얗던 손이 아니었다. 친정아버지가 고사리손이라고 물고 빨고 했던 손이 아닌 50대 중반의 나이를 속일 수 없는 손이 되어 있었다. 세월을 되돌릴 수는 없고 나이 듦을 인정하는 데는 한참이 걸렸다. 앞으로 나의 손은 더 많은 주름이 생길 것이고 그나마 지금이 제일 젊은 손이라는 생각에 마음이 쓰라렸다.

어느 노인 복지센터에서 '오늘은 내 생애 가장 젊은 날'이

라는 슬로건으로 어르신들의 사진을 찍어서 팝아트를 만들었다는 글을 접한 적이 있다. 나이가 들면 대부분 사진 찍기를 좋아하지 않는다. 사진 속 주인공의 얼굴에서 세월의 흔적을 보게 되니까 그렇지 않나 싶다.

그 복지관의 어르신들은 "내 얼굴 볼 거 없다.", "못난 얼굴 안 찍는다."하며 손사레를 치셨지만 완성된 사진을 보고는 무척 행복해하셨단다. 나도 덩달아 마음이 따뜻해졌다.

히트곡만 120곡이 넘고 한국에서 노래방 반주기에 수록된 곡이 가장 많은 가수 나훈아가 콘서트에서 이런 말을 한 적이 있다.

"제가 (소크라)테스 형한테 '세상이 왜 이래'라고 물어보니, 테스 형도 '모른다! 카네요.' 세월은 너나 할 것 없이 어떻게 할 수 없는 모양입니다. 이왕 가는 거 끌려가면 안돼요. 우리가 세월의 모가지를 비틀어서 끌고 가야 합니다. 매일 똑같은 일을 하면 끌려가는 거고, 안 하던 일을 해야 세월이 늦게 갑니다."

묵직하고 중후함이 느껴지는 그의 노래에는 삶의 간절함과 마음을 뒤흔드는 애절함이 있다. 그래서 그런지 나도 가족들도 그의 노래를 즐겨 부른다. 그런 그도 세월은 어쩔 수 없는지 벌써 70대 중반을 넘어가고 있다.

콘서트에서 그는 변함없는 가왕의 힘을 보여 주었다. 세월의 흔적은 오로지 흰머리가 전부일 뿐 생동감 있는 모습과 지치지 않는 노래 실력을 보여줘서 보는 내내 절로 입이 벌어졌던 느낌을 잊을 수가 없다.

세월의 모가지를 비틀어서라도 끌고 가야 한다는 그 말에 격하게 공감을 하며 먹고 있던 오징어를 질근질근 씹었던 기억도 생생하다.

원대하고 구체적인 목표도 좋지만 하루하루 열심히 사는 것, 내가 유방암에 걸려 죽을 고비를 넘긴 것도, 아들이 뇌출혈로 사경을 헤맬 때도 내가 견뎌낸 것은 하루하루 열심히 살았기 때문이다.

내 삶을 잘 살았다고 믿는 것은 100년을 산 유동식 박사의 "제가 100년을 살 수 있었던 것은 하루하루 열심히 산 덕분입니다."라는 말을 항상 기억했기 때문이다.

일제강점기와 해방, 6·25, 미국 유학, 한국의 현대사를 모두 살아온 그의 삶은 치열하고 힘들었을 것이다. 그가 100년을 살아보고 한 말은 결국 하루하루 열심히 사는 것, 그

것이 중요하다. 100년을 살아도, 50년을 살아도 결국 열심히 산 하루가 모여서 내 삶을 이루는 것이다.

2021년 세계에서 크게 인기를 얻은 드라마 '오징어 게임'. 나는 '오일남' 역으로 나온 연극배우 오영수씨를 보면 돌아가신 친정아버지의 얼굴과 풍기는 느낌이 비슷해서 개인적으로 좋아한다.

깡마른 얼굴에 많지도 않은 수염과 안경을 낀 모습. 그리 깔끔하지 않은 편안한 복장이 볼 때마다 깜짝 놀랄 정도로 흡사하다. 나이는 70대 후반이고 오랜 연극배우로 살면서 살림살이는 그리 넉넉지는 않은 것 같은데 왠지 모르게 그가 한 연기와 말에는 깊은 울림이 있다.

우리 사회가 1등 아니면 안 되는 것처럼 흘러가지만 우리는 2등은 3등에게 이겼고, 3등은 4등에게 이겼다. 그래서 다 승자다. 아름다운 세상, 아름다운 사람, 아름다운 공간, 오영수씨의 말처럼 우리는 모두가 승자고 모두가 아름다운 삶을 살고 있다.

치열한 경쟁 속에서 우리는 앞만 보며 살아왔다. 열심히 산다고 했는데 어느새 나이가 들어 얼굴엔 주름이 생기고 몸은 여기저기 아프기 시작하는 시니어의 대열에 끼어있다.

언제나 바쁘게 움직이는 세상의 그 변화의 한 가운데서 남은 삶을 어떻게 사는 것이 아름다운 삶을 사는 것일까?

한 해 두 해 나이 먹는 것은 반갑지 않으나 그래도 지금이 내 생애에서 가장 젊은 날이기에 소중한 날이다. 또한 가장 젊은 날이기에 도전할 수도 있다. 하루하루 열심히 사는 것이 승자의 삶이고 도전하는 삶이 아름다운 삶이 아닐까 싶다. 오늘 하루는 내 인생의 유일한 시간이자 내 인생의 가장 젊은 날이다.

꿈꾸는 자는 늙지 않는다

"이 문으로 들어서는 자, 모든 희망을 버려라!"
단테의 신곡 지옥편

우리는 인생을 살면서 여러 가지 일을 겪는다. 때론 즐겁고 좋은 일을 겪기도 하지만, 정말로 삶을 포기하고 싶을 정도로 힘들고 고단한 일을 겪기도 한다. 그런 힘든 일을 겪을 때 조그마한 희망이라도 있다면 삶을 이어갈 수 있지만 그렇지 못할 때는 지옥에 떨어진 것처럼 삶을 포기하기도 한다.

나는 여기서 희망이라는 단어를 '이루고 싶은 꿈', '하고 싶은 꿈'이라는 말로 대체하고 싶다. 어떤 사람은 나이를 먹을수록 꿈도 희망도 소멸해 간다고 말한다. 하지만 오늘 지금 이 순간, 액티브시니어를 꿈꾸는 우리는 아니라고 강력하게 말해야 한다.

우리에게는 아직 꿈과 희망이 남아있고, 그 꿈을 이루고자 하는 마음을 먹는다면 반드시 이루어질 것을 알기 때문이다. 희망의 끈을 놓지 말고 꿈을 이루는 미래를 내 것으로 만드는 일에 집중하는 시니어가 되어야 한다.

나는 30대부터 50대 초반까지 중고등학생 대상으로 수학을 가르치는 강사였다. 20년이 넘는 시간을 학생들을 가르치는 강사 생활을 한 나는 나이가 들어서도 이 직업으로 잘 살 수 있을 것이라 여기며 살아왔다. 하지만 인생은 마음먹은 대로 살아지지 않는다는 걸 알게 되었다.

뜻하지 않은 사건 사고가 연달아 일어나며 안전할 것 같던 나의 삶에 온갖 절망과 시련이 몰려들었다. 나는 절망 앞에서 나락으로 떨어지지 않으려고 얼마나 많이 노력 했는지 모른다.

그 와중에 실명 위기까지 오는 사고를 당하기도 했다. 그 바람에 시력이 급격히 떨어졌고 수학 강사 일을 할 수 없게 되었다. 수십 년 해 온 일을 할 수 없게 되었을 때의 낙심은 이루 말할 수가 없었다. 눈앞이 캄캄하고 날마다 슬픔으로 가득하고 두려운 날을 보내야만 했다. 그러나 마냥 그렇게 우울하게만 있을 수는 없었다. 나는 무엇이라도 해야 했다.

남들 은퇴하는 나이에 새로운 직장을 구하려니, 내게 맞는 직장을 구하기란 여간 힘든 게 아니었다. 엎친 데 덮친 격으로 코로나가 시작되며 직장을 구하기는 더욱 힘들어졌다. 나는 뭐라도 붙잡아야 했다. 그래서 선택한 것이 공부다. 무작정 공부를 하기로 마음을 먹고 사회복지사 공부를 시작했다. 생각했으면 그다음은 행동! 즉시 실행에 옮겼다. 인간은 절실한 목표가 생기면 상상할 수 없는 노력과 에너지를 쏟는다. 그리고 투자한 만큼의 결실을 얻는다. 나 역시 그랬다.

나는 정말 열심히 공부했다. 이 캄캄한 상황을 이겨낼 수 있는 길은 오직 공부뿐이라고 생각했기 때문이다. 눈만 뜨면 공부에 매진하였다. 그 결과 50이 되어 넘어서 자격증을 딴 것만 해도 20여 개가 넘는다. 걷기지도사, 시니어교육지도사, 디지털튜터 자격증 등.

정말로 최선을 다해 시간과 열정과 돈을 들여 이루어낸 성과라 뿌듯하고 자랑스럽다. 노력한 만큼 성과를 얻었다는 뿌듯함이 나의 자존감을 높이기에 충분하였다.

지금은 성인을 대상으로 하는 치매예방 강사, 디지털튜터, 라이브커머스일도 하고 책을 써서 작가도 되었다.

2021년 노인스포츠지도사 국가자격증을 취득했는데 그 자격증에 도전한 선생님 중에 70대가 여러 명이 계셔서 참으로 놀라웠다. 내가 도전한 자격증 중에 제일 힘들게 딴 자격증인데 말이다. 그분들 역시 5과목에 필기시험을 통과하고 구술, 면접 실기를 거치면서 실습과 연수 교육까지 그 어려운 과정을 다 해내신 것이다.

연수 교육은 코로나로 인해 줌으로 했는데 화면에 비친 그분들의 모습은 전혀 70대라고는 상상을 할 수 없을 정도로 젊으셨다. 강의하는 대학교수님 모두가 그 열정과 끈기에 놀라시며 응원을 아끼지 않으셨다. 역시 '꿈꾸는 자는 늙지 않는다.'는 말을 절로 실감할 수 있었다.

'나이 드는 맛(존 릴런드)'은 고령화의 삶을 살아야 하는 우리가 어떻게 살아야 정말 괜찮고 잘 살아나갈지가 염려되어 찾은 책이었다.

가보지 않은 그 길을 먼저 가고 있는 초고령자(85세 이상의 노인)들이 행복하게 사는 이유는 간단했다. 그들은 이미 잃은 것도 있고, 할 수 없는 일도 많지만 거기에 연연하지 않고 계속해서 바라고 원하며 새 아침을 맞이하는 삶을 살고 있었다.

내 가족 중에 전 육상 국가대표 선수가 있다. 그는 선수 생활 중 부상으로 육상 지도자의 길을 걷다가 정년 퇴임한 후 지금은 관리인으로 일을 하고 있다. 바로 나의 고모부. (시누이의 남편)

고모부는 출근하기 전에 꼭 걷기 운동으로 동네 한 바퀴를 돈다. 출퇴근은 대중교통을 이용하고 웬만한 거리는 걸어서 다닌다. 또한 음식을 만드는 일 빼고는 청소, 빨래 등 집

안일은 고모부 손에서 모든 것이 이루어진다. 늘 즐겁게 일을 하고 좋아하므로 입가에는 언제나 미소가 머물렀다.

현역에 있을 때 전부터 하고 싶은 일이라고 하면서 사회복지사 공부도 하고 있다. 디지털로만 하는 수업인지라 힘든 부분은 조카들의 도움도 받으시는 것 같은데 벌써 한 학기를 끝냈다.

고모부 또래 되는 친구들중에 당신이 제일 어리게 보인다며 은근히 자랑도 하시는데 그 모습이 참으로 보기가 좋다. 아마도 꿈을 꾸며 실천하는 생활을 해서 그런지 언제 봐도 그 모습 그대로인 듯하다.

2015년 UN은 전 세계 인류의 체질과 평균 수명 등을 고려하여 새로운 연령 기준을 발표했다.

0~17세	미성년자
18~65세	청년
66~79세	중년
80~99세	노년
100세 이후	장수노인

이 자료에 의하면 나는 아직도 청년이다. 놀라웠다. 보는

것만으로 힘이 된다. 여러분도 공감하지 않을까 싶다.

몇 년 전 일본에서 평균 나이 84세 할머니들이 걸그룹을 결성하여 화제가 된 적이 있다. 방송에 나온 그들의 얼굴은 밝고 활기가 넘쳤다. 노래로서 꿈을 꾸는 그들의 모습은 이미 나이가 들었지만, 그 시점부터 늙지 않는 것처럼 보였다.
꿈은 젊었을 때만 꾸는 것이 아니다. 나이가 들어도 시니어 대열에 들어가는 우리 액티브시니어들도 충분히 꿀 수 있다.

청년들이여!
각자의 위치에서 다시 시작해보자.
꿈꾸는 자는 늙지 않는다.

내 심장은 지금도 뛰고 있다.

6.25가 일어나기 불과 몇 년 전 갓 스물을 넘긴 새댁이 빨래하러 가다 비에 젖은 사시나무 잎을 바라보았다. 그 잎 색깔이 너무 고와 그림을 그리고 싶은 충동에 빨래도 내팽개쳤다는 박정희 그림할머니. 한국전쟁으로 고달픈 삶 속에서도 5권의 육아일기를 쓰신 분.

그림을 그리는 것이 그 시절엔 사치스러운 때였지만 자신의 마음을 어쩔 수가 없었단다. 꽃을 그릴 때는 꽃에만, 다른 것을 만나면 또 그것에만 정성을 다했다. 그래서 인생이 즐겁단다.

하느님이 언제 올 거냐고 물으신다면

"만사 오케이! 지금이 최곱니다."

우연히 보게 된 할머니의 영상이 아직도 가슴에 남는다.

박정희 할머니는 1985년 63세의 나이로 한국 수채화 공모전에서 첫 입상 후 화가의 인생을 시작했다. 2014년 91세를 일기로 영면에 들며 시각장애인 2명에게 좌우 각막을 기증해 새 생명을 주었다. 떠나기 전까지 여러 차례 개인전을 열고 수익금을 점자 도서관 건립과 시각장애인의 재활에 후원했다.

심장이 뛰는 마지막 순간까지 세상을 아름답게 바라보며

사는 삶. 나이에 상관없이 내가 하고 싶은 일을 찾아서 하는 그 열정과 노력에 하느님도 감탄하며 후원할 것이다.

2019년 3월 24일 방송된 전국노래자랑에 손담비의 노래 '미쳤어'를 부르고 온·오프라인에서 엄청난 화제가 된 지병수님은 자신이 밝은 건 마음을 비워서란다. 주머니에 천원만 있어도 만족하고 다른 때 돈이 생기겠지 하며 긍정적인 생각을 하며 생활을 했다.

천원에 행복했던 그는 지금 1만 4천 명의 구독자가 있는 유튜브 채널을 운영 중이고, 홈쇼핑 광고모델로도 활동한다. 그야말로 심장이 뛰는 대로 제2의 인생을 멋지게 살고 있다.

인생은 한 치 앞도 알 수 없다. 하지만 지병수님 순간순간 기쁘게 살아가려고 애쓰며 작은 것에 만족하고 살다 보면 행운도 찾아오나보다.

"꿈이라고 말해놓고 건드리지 않으면 계속 꿈이야. 꿈이라고 말해놓고 바로 실행하면 꿈은 뭐다? 더 이상 꿈이 아니고 현실이다. 여러분, '꿈' 자를 가슴 속에 오래 두지 마십시오. 바로 현실로 전환해 버리세요."

김미경 학장이 한 말이다. 격하게 공감을 하며 꿈이라는 단어를 다시 생각하게 했다.

세 아이를 키우면서 늘 일과 함께 산 그녀. 또한 재능도 많고 호기심도 많아서 새로운 일에 도전하기를 두려워하지 않는 그녀의 열정은 어디까지일까? 지금도 현역에서 많은 엄마들에게, 시니어들에게 자기계발 등 동기부여를 하며 맹활약을 하고 있다.

2020년 코로나 시국이 되면서, 하던 일이 멈춰지고 무엇을 해야 할지 감을 못 잡을 때 '리부트.(김미경)라는 책을 접했다. 그리고 그때 눈이 번쩍 뜨이면서 바로 디지털 대학에 입학하여 새로운 학습을 시작하였다. 김미경 학장은 내 심장을 뛰게 했고, 두렵고 무섭기만 했던 디지털 세계로 들어갈 수 있게 동기유발을 시켜주었다.

얼마 전에 끝난 도쿄올림픽에서 정말로 감동적인 장면들을 많이 보았다. 올림픽이라 하면 내로라하는 기량을 가진 선수들이 각자의 분야에서 기량을 뽐내는 대회다. 그런 올림픽에서 노장 선수들이 젊은 사람들에게 전혀 뒤지지 않는 스포츠 정신과 열정으로 참여하는 모습을 보면서 마음이 울컥했다.

브라보 마이라이프에 나온 선수들의 이야기다.

66세 최고령 호주 선수 메리 해나(66세)는 여자 승마의 마장마술에 출전했지만 메달 기록은 없다. 메달을 받지 못해도 꾸준하게 대회에 출전하여 기량을 과시하면서 70대에도 출전할 것이라고 했다.

지난 7월 25일 탁구 여자 단식 64강전에서 자신보다 41세 어린 신유빈(17)과의 대결로 국내 팬들에게도 이름을 알린 니샤렌은 중국 국가대표 출신의 룩셈부르크인이다.

니샤렌은 역대 올림픽 여자 탁구 선수 중 가장 나이가 많다. 그럼에도 그는 신유빈과의 경기에서 41세의 나이 차이에도 막상막하의 경기를 보였다. 아쉽게 역전패했지만 그녀는 승리자였다.

TV화면에 비친 탁구 선수 니샤렌의 모습은 나이 어린 선수들의 모습과는 참으로 대조적이어서 눈길을 끌었다. 그의 경기는 힘찼고 최선을 다하는 모습에서 노장의 경이로움까지 느껴졌다. 그는 신유빈과의 경기에서 3-4로 역전패를 당한 후 인터뷰에서 "오늘의 나는 내일의 나보다 어리다. 오늘 도전하고 즐겨야 한다."고 말했다.

참으로 심장 떨리는 말이다. 보통 40이 넘어서 운동을 하면 노장 선수라고 한다. 40이 넘으면 몸의 민첩성이 떨어지네, 여기저기 아프네. 뼈에서 소리가 나네 하면서 스스로를 방어하기 바쁜데 니샤렌은 그렇지 않았다. 체력과 운동 기술을 유지하기 위해서 얼마나 땀을 많이 흘렸을까 싶다. 그녀의 노력과 열정 도전 의식에 경의를 표한다.

나이가 들면 해야 할 것보다 왠지 포기해야 할 일이 더 많다. 주위에 눈치를 보게 되고 나잇값 못한다고 할까봐 슬며시 인생 뒷자락에 숨어버리고 싶을 때가 있지 않은가? 그러나 우리가 누군가? 액티브시니어다. 아니 액티브시니어가 되려고 하는 슬기로운 시니어들이다.

우리의 심장은 지금도 뛰고 있다. 모두 가슴에 손을 얹고 내 심장이 힘차게 뛰는 것을 느껴보자. 심장이 뛰고 있는 한 원 없이 뛰어 가보자.

젊어지는 비결은 바로 이것

"노화가 인간 발달상의 한 단계일 뿐 쇠퇴나 상실을 의미하지 않으며, 그 과정이나 결과 또한 대부분의 사람들이 생각하듯 미리 결정되어 있는 것이 아니다." 엘랜 랭어

노화와 육체의 한계에 도전하는 유명한 심리 실험으로 '시계 거꾸로 돌리기 실험(counter clockwise study)'이 있다. 하버드 대학의 심리학과 교수 엘랜 랭어 교수가 실시한 것으로 세계적으로 주목을 받았다.

대상은 1979년 여덟 명의 70~80대의 시니어들로서 자신의 기본적인 일들을 하기에도 버거운, 건강이 좋지 않은 사람들로 구성되었다.

시골 외딴곳의 한 장소에서 1주일간 공동생활을 하며 주어진 조건은 첫째, 1959년에 살았던 것처럼 이야기하면서 생활할 것과 둘째, 청소와 설거지 등의 집안일은 자신이 직접 할 것 등이었다.

그들이 생활하는 공간은 20년 전으로 1959년 당시의 상황으로 꾸며 놓았다. 방안에는 그 당시의 자신들의 사진을 걸어 놓았고, TV 프로그램과 영화들도 그 당시에 방영되고 개봉되었던 것들로 꾸며 놓았다. 중요한 것은 실제 당시 자

신의 모습이 되어야 한다.

1주일 후 그들에게는 정말로 놀라운 변화가 있었다. 신체 나이와 지능 등은 50대의 수준으로 향상되었으며 구부정하던 허리가 펴지면서 키가 커지고, 기억력과 인지능력 등 뇌 기능까지 좋아지는 그야말로 드라마틱한 일이 일어난 것이다.

이 '시계 거꾸로 돌리기 실험'은 영국 BBC의 '더 영 원스(The Young Ones)'라는 프로그램에서도 진행됐다. 대상은 수 십년 전의 스타들로 구성되었는데 역시나 팔순의 여배우는 휠체어를 버리고 혼자 걸었고 거동조차 힘들었던 원로 방송인은 무대에 나와 탭댄스까지 추었다.

우리나라에서도 EBS의 '황혼의 반란'이라는 프로그램에서 왕년의 스타 5명을 대상으로 일주일간의 실험을 한 결과 역시 심신의 전반적인 건강 지수가 젊어지는 동일한 결과가 나왔다. 특히 86세의 한 참가자는 마치 성형수술을 한 것처럼 젊어져서 의사들을 놀라게 했다.

이 실험은 우리에게 시사하는 바가 크다. 바로 노화와 인간의 한계에 고정관념을 깬 것이다. 마음가짐을 어떻게 가지느냐에 따라 더 늙게 살 수도 있고 더 젊게 살 수도 있다는 것. 마음만 고쳐먹으면 내 나이보다 10년 아니 20년도 젊게 살 수 있으니까 나이 들었다고 망설이지 말고 젊게 옷을 입고, 젊은 생각으로, 젊은 사람들과 어울리면서 긍정적인 마음으로 살면 젊어질 수 있다.

내가 사는 동네에 또래 나이보다 훨씬 젊어 보이는 형님이 두 분 계신다. 그 두 분의 세례명은 '클라라'로 같다.

70대의 클라라 형님은 항상 옷매무새가 단정하며 말쑥하다. 여느 때 나이 드신 분들이 입는 편안한 차림의 옷 일명 몸뻬 스타일은 사절이다. 20년 넘게 요가를 하고 공원 걷기를 할 때는 항상 블루투스 이어폰을 꽂고 운동을 한다.

머리도 꼬불꼬불 할머니 파마가 아닌 짧은 컷에 구루프를 말아서 볼륨을 살린다. 밝은 색상의 옷을 입고 미소와 활발한 활동으로 젊게 산다. 전혀 70대로 보이지 않고 갓 60대의 외모로 보인다.

또 한 분 60대 후반의 클라라 형님은 통통한 체구를 갖고 있지만 역시나 몸뻬 스타일의 옷은 전혀 안 입는다. 홈쇼핑에서 광고하는 옷의 트렌드를 보고 요즘 유행하는 스타일을 본다. 그러면서도 본인 스타일에 맞게 중저가 옷으로 자신을 가꾼다. 늘 신문과 독서를 즐겨하며 영어 단어 외우기를 수시로 한다. 성당에서 젊은 자매들과 대화를 할 때도 말은 많이 하지 않지만 통통 튀는 말솜씨로 유익한 대화를 이끈다.

70대 후반의 한 형제님은 머리숱이 없다고 늘 모자를 쓰고 다니는데 주로 베레모 모자를 쓴다. 이 분의 패션은 색깔과 모양이 저마다 다른 모자에서 나온다. 여전히 청바지를 즐겨 입고 동네 슈퍼를 나올 때도 마트를 갈 때도 모자와 함께 항상 단정한 옷차림이다. 오히려 마주하는 나의 행색이 더 초라해질 때가 많았다.

이분들에게는 공통점이 있다. 실제 나이보다 10년 아니 15년은 젊어 보인다는 것이다. 도대체 어떤 이유로 이분들은 젊어 보일까? 결론은 간단했다. 바로 단정한 옷차림과 환한 미소, 대화가 통한다는 것이다.

단정한 옷차림이란 비싼 브랜드 옷만이 아닌 자기 신체에 맞게 센스 있는 옷을 입는 거. 나이 들었다고 마냥 편안하게 입는 스타일이 아닌 20년 전에 입었던 스타일에 약간 변형만 시킨 옷으로 멋을 낸 것이다.

얼굴엔 늘 미소가 있고 무슨 일에든 감사함을 표현한다. 어느 장소에서든, 누구를 만나든 말은 많이 하기보다 들어주는 편이고 대화 중에는 핵심을 찌르는 말씀을 하셨다. 그러니 그분들보다 한참 어린 세대들도 같이 어울리기를 주저하지 않고 좋아했다.

나는 아침에 일어나서 세수하고 거울을 볼 때면 항상 웃는 연습을 한다.

"입꼬리 귀에 걸고~~"

이렇게 말을 하면서 양손으로 입꼬리를 귀에 거는 흉내를 낸다. 두어 번 하다 보면 어느새 내 얼굴은 화색이 돌기 시작한다. 그러면서 이 모양 저 모양으로 웃는 연습을 한다. 크게 웃기도 하고 미소를 짓기도 하면서 고개도 갸우뚱하면서 연습을 한다.

처음부터 이렇게 하지는 않았다. 언젠가부터 스트레스받는 일이 많아지면서 나의 얼굴은 굳어져 가고 여기저기 아픈 곳이 생겨났다. 그러던 중 자기계발에 관련된 책들을 보면서 마음가짐이 바뀌었다.

늘 긍정적으로 생각하며 강제로라도 나의 기분을 높이기 위해 습관을 만들었다. 그중의 하나가 매일 아침 거울 앞에서 하는 '웃는 연습'이다. 그러다 보니 어느새 내 얼굴엔 늘 미소가 가득했고 보는 사람들은 항상 내 나이보다 젊게 보았다.

칭찬은 귀로 먹는 보약이다. 젊어 보인다는 말을 들으면 나의 엔도르핀 호르몬이 나오는 것을 느낄 수 있었다. 때로는 나이 먹는 것을 느끼지 못할 때도 있지만 난 지금의 상태가 참 만족스럽다. 여러분도 거울 앞에서 지금 한번 "입꼬리 귀에 걸고~~"하면서 웃어 보자. 아마 조금 전보다 젊어진 생기 있는 얼굴을 보게 될 것이다. 자신이 설정해 놓은 한계를 뛰어넘어보라.

나만의 브랜드를 만들자

"여러분은 10년 후에 무엇을 하고 계실 건가요? 지금 바로 시작하지 않으면 늦습니다. 무엇을 시작하든 지금이 가장 젊은 나이이니까요." 작가 지인옥

나만의 브랜드란 자기 분야에서 실력으로 크게 신뢰를 얻고 유명해져서, 그 사람의 관련된 것에 믿음이 가게 하는 것을 말한다.

세계적으로 이름을 알린 영화배우 윤여정이나, 드라마 작가로 유명한 김수현 작가, 유튜버로 이름을 알린 박막례 할머니 등 자신의 분야에서 꾸준하게 두각을 나타내는 사람들은 그 이름 자체가 브랜드가 된다. 이름이 곧 브랜드다.

나만의 브랜드는 꼭 유명한 사람들만 만드는 것은 아니다. 평범한 우리도 얼마든지 만들 수 있다. 누구나 자기의 분야에서 하는 일을 열심히, 그리고 꾸준히 해서 최고가 되면 충분히 브랜드가 될 수 있고, 그것으로 경제적 수익도 창출할 수 있다.

내 주변에 이모티콘으로 브랜드를 만든 시니어가 있다. 50대 후반의 이분은 '곱슬맘(curly mom)'이라는 이모티콘

사용자는 5~60대의 신중년, 액티브시니어들을 염두에 두고 만들었다고 한다.

이모티콘(emoticon)은 컴퓨터나 휴대전화의 문자와 기호, 숫자 등을 조합하여 만든 그림문자로 감정이나 느낌을 전달할 때 사용한다. 요즘 스마트폰을 사용하고 있고 대한민국 국민이라면 누구나 한 번 사용하고 있을 것이다. 디지털 세상에서 이모티콘은 시니어 우리에게도 센스있는 소통 도구로 널리 사용되고 있다.

인스타 피드에 올라온 귀여운 이모티콘이 마음을 사로 잡았단다. 용기를 내어 디지털드로잉을 공부하고 네이버OGQ와 카카오에 제안 신청을 했다. 그리고 승인이 나서 판매를 하고 있다는 곱슬맘의 이야기는 액티브시니어에게 좋은 귀감이 된다.

30년 차 부부 사진사로 일하는 추정애님. 남편은 베이스가 되는 복잡하고 어려운 일을 하고 추정애님은 세팅해 놓은 것에 촬영하고 사진 만드는 다소 세심하고 간단한 일을 한다. 60이 넘으면 젊은이들에게 일자리를 내어 주는 것이 예의처럼 여겨졌던 때도 있었다. 이 부부는 경제활동을 돈에 얽메지 않으면서 할 수 있어 감사하고 기쁘다며 봉사활동도 여행도 열심이다.

부부는 하루하루 짜릿한 삶을 살고 있다. 매일 경쾌하게 웃으면 신나는 음악과 함께 댄스를 선보이는 모습이 너무 보기 좋다. 그야말로 인스타에서 미소 천사의 브랜드를 가지고 활동하는 인스타 1만팔로우의 액티브시니어다.

오랜 세월 헤어디자이너로 미용실을 경영하며 대한 미용사 중앙회 기술 강사로 강의도 하는 미용업계에서는 알아주는 이미숙님. 이분 역시 60대이면서 왕성한 활동을 하고 있는 액티브시니어다. 책과 사람을 좋아하고 사람들을 예쁘게 만드는 것을 취미로 생각한다는 분.

강하게 보여야만 살 수 있다고 치열하게 살았던 그녀, 그래서 포스가 있다고 하는 말을 좋아하지 않는 그녀, 사실 알고 보면 온화한 그녀. 시어머니를 존경하는 그녀, 시어머니는 자신보다 남을 먼저 생각하는 베푸는 삶을 살았다. 그러다 보니 어느새 자신의 몫이 만들어져 있다며 자신에게도 베푸는 삶을 가르치신단다.

베풀며 살았던 모든 것이 덤이 되어 돌아오는 것을 보았다. 앞으로도 나눠주며 살고 싶다. 미용업계에 후배들에게 기술을 공유하는 후학 양성의 꿈을 가진 이미숙님. 이제 자신의 삶을 책으로 쓰고 있는 예비 작가다.

그녀는 항상 샘솟는 열정과 꿈을 갖고 있다. 옷도 패션 스타일리스트처럼 입고, 장신구들이 자신감으로 도드라져 보인다. 바쁜 일상이지만 그림 그리기에도 도전하는 그야말로 액티브시니어의 삶을 살고 있다.

나를 작가의 길로 이끌어주신 지인옥 작가님도 액티브시니어다. 예순의 나이에 아무 준비도 없이 책을 쓰겠다고 도전장을 내밀었다. 그녀의 선언에 가족들은 응원보다는 걱정이 앞서는 눈치였다.

책을 쓴다는 게 만만치 않았다. 괜히 시작했나, 누가 내 책을 읽겠나, 그만 둘까. 오만가지 생각이 자신을 방해했지만 그럴 때마다 '10년 후에는 너는 무얼 하고 있을 건데? 지금 안 하면 언제 할 건데?' 끊임없이 자신에게 질문을 던졌다.

지인옥 작가는 젊을 땐 유치원 교사였고 지금은 베이비시터 일을 하면서 작가로서 왕성한 활동을 하고 있다. 인스타 1만 팔로워, 브런치 작가, 글쓰기 전문코치 역할을 하는 그야말로 액티브시니어다.

내 주변의 중장년, 시니어들의 모습은 그야말로 다양하다. 살아가는 방식들이 다 다른데 옳고 그름을 따질 수는 없다. 그분들의 삶은 너무나 잘 살아왔으며 감동적이다. 다른 삶들을 살았지만, 그분들에게는 한결같은 염원이 있다. 앞으로 살아갈 시간을 헛되이 보내지 않으려고 지금도 노력하고 있다. 점점 오래 살아가야 하는 인생길. 이 소중한 시간을 잘 보내기 위해 오늘도 파이팅한다.

액티브시니어의 세 번째 스무 살 도전기

"아무리 가까운 길이라도 가지 않으면 닿지 못하고 아무리 쉬운 일이라도 하지 않으면 이루지 못한다. "채근담

몇 번을 봐도 질리지 않는 영화가 있다. 그중에 하나가 '인턴'이란 영화다. 70세 초반의 '로버트 드니로'가 주인공으로 나와서 믿고 본 영화로 잔잔한 감동과 울림이 있다.

한 인터넷 의류업체의 대표는 기업의 사회공헌 차원에서 65세 이상 노인을 대상으로 하는 시니어 일자리 사업 인턴 프로그램을 시작한다.

과거 묵직한 회사에 임원으로 재직하다가 은퇴한 70세의 주인공은 무료하게 시간을 보내다가 사회생활에 다시 도전하고 싶은 마음을 먹고 이 회사에 지원해서 합격한다.

합격 후 그동안의 연륜과 재치 있는 언행으로 직원들과 화기애애하게 잘 지내면서 대표에게도 용기와 힘을 실어주는 역할을 톡톡히 한다. 보는 내내 잔잔한 감동과 코믹이 있어서 지루하지 않게 보았다.

"첫 번째 뮤지션에게 은퇴란 없습니다. 음악이 사라지면 멈출 뿐이죠. 제 안엔 아직 음악이 남아있답니다."

지금처럼 평균 수명이 길지 않고 디지털 문화가 발전하기 전에는 책과 노인들에게 지혜를 배웠다. 그래서 동네에 노인이 지나가면 '지혜가 지나가신다.'라고 했다.

디지털에 익숙한 젊은 세대들은 조금 이해하기가 힘들 수도 있지만 삶이라는 것이 이론대로만 살아지는 것은 아니다. 이런저런 경험을 많이 한 어른들의 문제해결 대처 능력이나 경험들은 그야말로 책으로도 알 수 없는 귀한 자료다.

그 부분을 건드려준 영화가 바로 '인턴'이다. 나이 들면 고지식해진다고 하는 것들이 다르게 표현하면 경험에서 나오는 결론일 수도 있다.

70세에 사회생활과 단절되지 않으려고 용기를 낸 주인공의 행동에 박수를 보낸다. 지금 무언가 도전에 망설이고 있는 분들이 있다면 주저함은 이제 그만하라고 얘기하고 싶다. 세 번째 스무 살 도전도, 네 번째 스무 살 도전도 우리는 할 수 있다.

KBS TV '아침마당'에 시니어 모델(78) 최순화님이 출현한 적이 있다. 눈처럼 하얀 머리카락이 그녀를 더욱 빛나게 했다. '2020년 대한민국 퍼스트브랜드 대상'을 받은 그녀의 모습에 감탄이 절로 났다. 어렸을 때 꿈이 모델이었지만 그 당시엔 이루지 못하고 결혼 후 이런저런 시련을 겪으며 평범한 주부로 세월을 보냈다.

형편이 어려워 간병인의 생활을 하다가 우연히 TV에 시니어 모델이 나오는 프로를 보고 용기를 내어 모델학원에 등록했고 75세의 나이로 첫 패션쇼 무대에 올랐다.

사연도 파란만장한데 꿈을 이루려고 도전한 나이는 더 기가 막힌다. 정말로 쉽지 않았을 것이고 얼마나 힘들고 간절했을지 상상만 해도 가슴이 떨린다. 참으로 그 용기와 행동력에 열렬한 박수를 보낸다.

"꿈을 이루고 싶지 않은 사람이 어디 있으랴만, 결혼해 아이 낳고 남편 뒷바라지하다 꿈도 이상도 없이 현실에만 안주하게 되죠. 너무 늦으면 새로운 길을 갈 수 없다는 생각들을 해요. 하지만 제 생각은 다릅니다. 조금 늦었을 뿐 아무것도 해 보지 못할 만큼 늦지는 않았습니다."

젊은 세대나 지금의 우리 세대보다 더 나이 든 세대와 함께 살아가야 할 이 시기에 꼭 필요한 것이 있다. 도전과 겸손이다. 액티브하게 도전을 하는데 용기가 필요하듯이 겸손에도 용기가 필요하다.

세월에서 익혀진 것들을 나이로 밀어붙이는 행동과 생각들을 하지 않았으면 한다. 마음은 소싯적 생각이나 느낌 그대로인데 몸만 늙었다는 생각이 들 때가 있다. 나의 경험과 내 생각이 옳다고 하여도 우리는 겸손해야 한다. 그래야 우리보다 젊은 세대와 융합할 수 있다.

내 안의 생각과 열정은 그대로 가면서 나이 듦을 무기 삼아 도전하면 주위 사람을 힘들게 할 뿐이다. 도전과 겸손, 액티브시니어들은 현명하게 이 양날의 검을 잘 휘두를 수 있도록 자기 관리를 철저히 하고 멋들어지게 세 번째 스무 살을 잘 맞이했으면 한다.

도전, 나도 액티브시니어

"여러분이 멈춰 서거나 꾸물댄다고 해서 인생이 기다려 주지 않는다. 여러분이 확신하지 못하거나 두려워한다고 해서 인생이 기다리지도 않는다. 여러분이 뭘 하든 인생은 계속된다." 개리 비숍

스웨덴을 대표하는 전설적인 팝 그룹아바(ABBA), 모든 세대에 걸쳐서 이 그룹에 노래를 안 들어본 사람은 거의 없을 것이다. 대중음악 역사상 영향력 있고 상업적으로 성공한 그룹 중의 하나로 혼성 4인조 그룹이다. 어릴 적에 부모님이 좋아하셔서 자주 들었던 기억이 난다.

이들은 40년 만에 신곡을 발표했다. 멤버 4명은 모두 70대다. 이들은 보통 사람의 연애사도 그렇듯이 사랑과 이별 앞에 아쉽게도 해체가 되었다. 그리고 다시 70대에 뭉친 것이다. 아무리 인기 있는 그룹이었다 할지라도 70대에 함께 새로운 노래를 낸다는 것은 분명 쉽지 않았을 텐데 이들의 시작함에 응원을 보낸다.

유명한 사람들만 도전하고 액티브시니어의 삶을 사는 것은 아니다. 내 주변의 이웃 중에 재미있고 활동적으로 사는

액티브시니어는 참으로 많다. 박영희님도 그런 분들 중의 한 분이다.

그녀는 세 번째 스물이 시작되고 시대에 뒤처지지 않으려고, 젊은 사람들과 소통할 수 있는 인스타를 시작했다. 그리고 영상편집도 배우고 매주 한 권씩 독서를 했다.

시대의 흐름도 읽고 감각도 익히니 '인친현친'이라는 것도 한다. 젊은 사람들과 디지털에서의 만남으로 시작해서 실제 만남까지 이어지는 것이 신기하기만 하다.

독서를 많이 하니 자녀들에게 좋은 책들을 권하게 되고, 성인이 된 아이들과 소통할 수 있어서 책을 읽는 게 기쁘고 즐겁단다.

최근에는 그림 그리기에 관심도 생겨서 '펜드로잉'수업도 듣고 있고 더 나아가 전시회도 도전해 보고 싶다니 정말 박영희님은 욕심쟁이다.

나이가 들어가면서 끊임없이 배우고 새로운 일에 도전하는 것이 인생에 거름을 주는 것 같고 생기가 생겨 하루가 너무 짧다는 박영희님. 말하는 내내 활력이 넘친다.

새로운 것에 설레는 마음으로 도전을 하고 주위 가족이나 이웃에게 긍정의 기운을 전달하는 진정한 액티브시니어다. 소소한 것이라도 새로운 것에 도전해서 내 적성에 맞으면 자기계발이 되고 그 도전이 사회에 좋은 영향을 주면 사회

운동가가 된다.

박영희님은 담배꽁초라도 주워서 산책길을 깨끗이 하고 싶다며 환경과 기후변화에도 관심이 생겨 '지구건강지킴이' 동아리 모임을 하고, 환경활동가로도 활약 중이다.

디지털 공부를 하면서 앞으로의 다가올 소비생활도 대부분 디지털 속에서 이루어지게 될 것이다. 그래서 스마트스토어 공부를 시작하게 되었는데 놀랍게도 내 연령대 보다 더 나이든 시니어 분들이 많이 있다.

디지털에 친숙하지 않은 세대, 노안이라 잘 보이지 않아 돋보기를 쓰면서도 열심히 공부하고 도전해서 디지털 속에서 스마트스토어 사장님들이 되신 액티브시니어들을 많이 보았다.

요리하는 것을 좋아해 음식 만드는 SNS를 시작하고 점차 자기를 발전시켜서 라이브커머스까지 도전하는 시니어, 물건을 사용하다 좋은 상품을 만나면 직접 물건을 가져다가 자신의 스토어에 올리고 적극적으로 판매하며 다른 시니어에게 코칭도 해 주는 정 많은 시니어.

단지 취미생활과 자기계발이 아닌 1인 사업으로 발전시키고 활동하고 있는 액티브시니어들을 보면서 그저 놀랍고 존경스럽다 어린이들을 좋아하고 손주들까지 키워 낸 60대 중반의 이웃님. 이분은 '이야기 할머니' 모집에 응시해서 몇 번의 고배를 마신 뒤에 합격했고 지금은 어린이집, 유치원에서 동화구연, 책 놀이 등을 진행하는 시니어.

'이야기할머니'면접을 보러 갔는데 많은 시니어들이 도전하는 모습에 놀라고 그 열기가 치열해서 많이 떨렸지만 당당하게 합격하고 아이들과 소통을 하니, 더이상 늙지 않는 것 같아 자존감도 살고 기분이 좋다며 얼굴 가득 미소가 번진다. 그래서인가 늘 젊어 보인다. 틈나는 대로 공원 산책을 하고 종교 생활도 하는데 이분 역시 하루를 바쁘게 사는 액티브시니어다.

액티브시니어는 용기만 있으면 된다. 그동안 하고 싶었지만 주어진 몫을 사느라 힘들었을 우리 시니어들. 이 모양 저 모양으로 가족들 돌보느라 정작 자신은 돌보지 못했을지라도 열심히 살았고 잘 이루었다. 혹여 지금 가진 것이 성에 차지 않아도 건강한 몸과 생각만 있으면 우린 다시 활기차게 잘 살아낼 수 있다.

우리나라는 전통적으로 참고 사는 데 익숙한 사회문화 환경을 가졌다. 특히 여성에게 노인에게 더더욱 그랬던 것 같다. '참을 인(忍)이 셋이면 살인도 피한다.'라는 속담이 있다. 하지만 지금 우리는 그렇게 살지 말고 하고 싶은 것 하면서 살자. 두려워하지 말고 도전하자.

50, 60평생 살았는데 무엇이 두려우랴! 산전수전 다 겪고 공중전까지 겪은 우리들. 한번 해 보는 거다. 실패하면 어떻고, 조금 서툴면 어떠한가? 누가 뭐라 할 사람도 없다.

욕심내지 말고 즐겁게 해 보는 거다. 하다 보면 욕심이라는 것이 스멀스멀 올라온다. 더 잘하고 싶고 더 많이 갖고 싶은 마음에 우선순위가 바뀐다. 그러는 순간에 고통이 찾아오는데 우린 그러지 말자. 젊은 시절 많이들 해 보지 않았는가? 이젠 즐거운 마음으로 가볍게 하자.

누구나 50+ 액티브시니어가 될 수 있는 슬기로운 생활이 시작된다. 이제 준비가 되었다면 액티브시니어가 되기 위한 실전으로 들어가 보자.

PART 2

먼저 뇌를 건강하게 하자.

생활 습관이 두뇌 건강에 깊은 영향을 준다.
두뇌는 살아 있는 우주다.
두뇌는 어떻게 보살피느냐에 따라 달라진다.

내 몸의 주인은 뇌다.

"나는 내 의지대로 감정을 바꾸어서 새로운 뇌회로를 만들어 나를 발전시킬 수 있다." 조 디스팬지

우리가 집을 사고 팔 때 주인과 계약을 한다. 무슨 중요한 일을 결정하거나 큰 거래를 할 때도 주인이 나서서 문제 해결을 하는 것은 당연한 일이다. 그렇다면 우리 몸의 주인은 누구일까? 바로 내 몸의 주인은 머리, 곧 뇌(brain)다.

성인의 뇌의 무게는 약 1.4kg이며 뇌의 새로운 신경세포 대부분은 출생 전과 생후 첫 몇 달 동안 생성된다. 또한 신경세포 숫자는 늘어나지 않고 크기가 자라는데 뇌의 일부 부위는 신경줄기세포(neural stem cell)를 포함하고 있어서 적은 숫자이기는 하지만 성인에서도 새로운 신경세포를 계속 생성할 수 있다.[2]

인체에 2%밖에 안 되는 이 작은 뇌가 우리 몸 전체를 지배한다. 우리 몸 전체를 지배할 뿐 아니라 인간은 뇌가 있으므로 인해서 모든 동식물을 지배할 수 있으며 현재의 문명을 유지 발전할 수 있다.

---

2)https://terms.naver.com/
entry.naver?docId=5842604&cid=63057&categoryId=6305

뇌는 인체 내외의 정보들을 통합함으로써 동작을 만들어내는 데 관여한다. 입력되는 정보를 평가하고 인체의 균형이 깨지지 않게 변화에 적절한 반응을 만들어낸다. 쉽게 말해서 뇌가 있으므로 인해 정상적으로 먹고 생각하고 웃고 걷고 공부하고 놀 수 있는 것이다.

그런데 이 중요한 뇌가, 손상을 받는 정도에 따라 다르긴 하겠지만 마비, 실어증 등의 언어장애, 비사회적 행동, 억제력 상실과 같은 성격 변화, 판단력 장애, 감정 불안정, 무감정, 난청, 실명 등의 다양한 병변을 초래할 수 있다.

10여 년 전, 아들에게 뇌출혈이 왔다. 아들의 나이는 21세였고, 운동을 하는 중에 극심한 두통이 왔다. 일반 내과에서 진통제를 처방받아 먹었는데 시간이 지날수록 한쪽 어깨가 균형을 잃고 축 처지고 말이 어눌해지는 모습을 보고 큰 병원으로 가서 치료를 받았다.

친정아버지가 뇌출혈로 쓰러져서 그 증상을 알고 있었기에 서둘러 병원에 갔고 큰 화를 피했다. 하지만 그 후 다시 29세 되던 해에 두 번째 뇌출혈이 왔는데 이유는 기형 혈관 때문이었다. 1차 때 기형 혈관이 있었는데 그 부분을 미처 제거하지 못한 것이 원인이었다.

출혈 당시 실어증과 감각마비로 사지를 움직이지 못했고

거의 누워만 있었다. 하지만 의료진의 빠른 응급처치와 현대 의술로 지금은 정상적으로 돌아와 일상생활을 잘하고 있다.

그때를 떠올리면 자다가도 벌떡 일어나고, 가슴이 뛰고 식은땀이 난다. 그 힘든 시기를 잘 견뎌준 아들에게 고맙고 또한 무엇보다 하느님께 무한한 감사를 드린다. 난 아들에게 이미 로또를 두 번이나 맞았으니 로또 복권 사지 말라고 한다.

이처럼 뇌는 우리 몸의 주인으로서 그야말로 최고로 중요한 신체 부위이다. 소중히 다루어야 하고 넘어지더라도 뇌만큼은 다치지 않게 잘 보호 해야 한다.

또한 뇌의 중요한 역할 중의 하나가 바로 기억이다. 건강한 뇌는 기억에서 시작한다. 기억에는 감각기억, 단기기억, 장기기억, 절차기억이 있다.

감각기억(sensory memory)은 오감에 의해서 느껴지는 기억으로 1초~4초라는 아주 짧은 시간 동안 저장되는 기억을 말한다. 시각적 감각기억은 1초 이내, 청각적 감각기억은 그보다 약간 오래 지속되는 것으로 알려져 있다.

1960년대 미국의 심리학자 조지 스펄링이 실험참가자들에게 빈 화면을 보라고 하고 짧은 시간 동안 글자들을 휙휙 보여주었다. 그리고 어떤 단어가 생각나는지 물었더니 몇 글자들을 기억했는데 시각적 감각으로 짧게 기억했다.

단기기억(shorts-term memory)은 쉽게 예를 들자면 길을 가다가 배가 고파서 식당 간판을 보고 전화를 걸면 그것이 단기기억이다. 단기기억에는 용량의 한계가 있는데, 숫자나 문자, 단어의 경우 약 7개 정도가 그 한계이다. 이러한 한계를 기억의 범위(memory span)라고 한다.

장기기억(long-term memory)은 아주 오랜 시간 동안 저장된 형태를 말하는데 대부분 우리가 '아! 그거 알아' '그래, 맞아 기억하지.'라고 생각하는 대부분의 기억이 장기기억이다. 장기기억은 곧 우리의 삶에서 얻어진 앎의 내용이며, 이 앎은 삶에 절대적으로 필요하다.

절차기억은 단어 그대로 반복을 통해 습득된 기억을 가리킨다. 운동, 기술, 이를테면 운전하거나, 자전거를 타는 것 등 악기 연주 따위와 같이 운동피질이 관여하고 기저핵과 소뇌의 작용으로 몸으로 익혀 기억하는 것을 말한다. 치매에 걸렸을 경우 새로운 활동을 배우기 어렵게 될 경우 절차기억을 단련시켜 놓으면 건강을 유지하는데 도움이 된다.

한국과학문화재단 사이언스몰(www.scienceall.com)에 의하면 인간의 뇌는 크게 뇌간, 소뇌, 대뇌로 나누는데, 뇌간이 가장 먼저, 대뇌가 가장 늦게 만들어졌다고 한다. 이는 편의상 나눈 것이고 뇌는 치밀하게 연결되어 있어서 한 부분이 어떤 한 기능을 전담한다고 하기는 힘들다. 뇌의 한 부분에 문제가 생기면 뇌의 다른 부분에서 그 역할을 담당하기 때문이다.

뇌간은 생명과 직결된 중추이다. 대뇌나 소뇌는 어느 정도의 손상이 있더라도 그 손상이 죽음으로 이어지지는 않지만, 뇌간의 손상은 바로 죽음과 연결된다. 뇌간에 출혈이 일어나거나 아주 작은 상처가 나더라도 우리는 죽음에 이를 수밖에 없다.

반면에 대뇌, 소뇌의 기능이 마비되었으나 뇌간의 기능이 살아있어 호흡과 심장박동은 정상적으로 유지되는 경우 우리는 '식물인간'이라고 부른다.

소뇌는 주름이 매우 깊고 몸의 평형을 유지하고 공간 운동을 조절하는 중추가 존재한다. 동물 실험에서 소뇌를 제거한 동물은 움직임을 연결하는 과정에 심한 장애를 보이는 것으로 주로 운동을 관장한다.

대뇌의 가장 바깥쪽 부위는 대뇌 피질이다. 대뇌 피질이 발달하기 시작하면서부터 인류에게는 예술 활동이 시작되었다고 한다. 이 대뇌 피질은 기능에 따라서 전두엽, 두정엽, 후두엽, 측두엽의 네 부분으로 나뉘게 된다.

전두엽은 이마 뒤 곧 머리 앞쪽에 존재하며 의사 결정을 하고 논리적인 사고를 하는 곳으로 우리 몸의 CEO의 역할을 한다.

두정엽은 정수리 부분에 있는 부위로서 운동령과 감각령이 존재한다. 이곳이 손상을 받으면 신체에서 느끼는 감각이 없어지고 동작이나 행동에도 영향을 준다.

측두엽은 머리 측면, 귀 안쪽으로 청각 영역이 위치하고 있으며, 귀로 들어온 청각 및 청각과 관련된 사고기능을 담당한다. 이곳이 손상을 받으면 언어나 소리가 들려 올 때 뇌는 정보를 판단할 수 없다.

후두엽은 뒤통수 부위로 눈으로 들어온 정보를 관장한다. 우리는 외부 정보의 90%를 시각을 통해 인식하는 데 이곳에서 수많은 시각 정보를 일차적으로 처리하여 다른 부분으로 전달한다.

간략하게 뇌의 역할과 중요성에 대해서 알아보았는데 뇌는 그야말로 내 몸의 주인이다. 나이가 들수록 잘 관리하고 특히 뇌가 다치지 않도록 주의하며 좋은 생활 습관으로 건강한 뇌를 유지하도록 노력해야 할 것이다.

혹시 나도 치매 초기?

"치매는 생애 어느 시기에나 일어날 수 있는 인지 장애이 며 여러 질병을 아우른다. 뇌 손상 사고나 뇌졸중으로도 생 길 수 있다." 조지 페리 텍사스 대학교 교수

중앙치매센터 자료에 따르면 2020년 65세 이상 노인의 치매 유병률은 10.25%(약 84만 명)이며, 2050년에는 15.91%(약 300만 명)까지 증가할 전망이다. 현재도 12분마 다 1명의 새로운 치매 환자가 발생한다.

우리는 나이가 들수록 깜빡깜빡해지는 경우가 부쩍 늘어 난다. 뇌도 나이를 먹기 때문이다. 혹시 나도 치매가 아닐까 하고 두려운 생각이 들 때도 있지만 일단 염려는 내려놓고 비슷한 증상을 보이는 건망증과 비교해 보고자 한다.

TV 먹방 프로그램을 시청하는 중에 맛있게 아이스크림을 먹는 장면을 본다고 가정을 하자. 먹고 싶은 충동에 냉장고 문을 여는 순간 반가운 친구한테 전화가 걸려 온다. 냉장고 문을 닫고 통화를 몇 분간 하는 사이에 냉장고 앞에 간 사 실은 깜빡 잊어버리고 통화가 끝난 후 다시 TV 시청을 한 다. 그러다 다시 아이스크림 먹는 장면을 볼 때 아이스크림

을 꺼내려고 냉장고에 갔었다는 기억을 떠올리면 그것은 건망증이고, 아무 생각을 못하고 그저 TV만 바라본다면 그것은 치매일 가능성이 있다.(이 부분은 설명을 돕고자 극단적인 예를 든 것일 뿐 오해가 없기를 바란다.) 흔히들 깜빡깜빡하는 상황에서 기억을 못 할 경우 어떤 힌트를 주면 기억이 나는 것은 건망증, 그렇지 못한 경우는 치매라고 이해하면 된다.

그렇다면 치매란 무엇인가?

치매란 정상적인 지적 능력을 유지하던 사람이 여러 가지 후천적 원인으로 인해 뇌기능이 손상되면서 기억력과 언어력, 판단력 등 지적 기능이 지속적으로 저하돼 일상생활 및 사회적활동을 정상적으로 할 수 없는 상태를 말한다.[3] 쉽게 얘기하면 다시 아기가 되는 병이다. 아기가 혼자서 일상생활을 영위할 수 없듯이 치매환자가 되면 스스로 혼자 할 수 없게 되는 것이다.

전 미국 대통령 로널드 레이건도, 영국의 수상을 지낸 마가렛 대처도 말년에 치매에 걸렸다. 세계 최초의 표준 치매 진단검사를 만든 일본 치매 의료의 일인자인 하세가와 가즈오도 그의 나이 88세에 치매 진단을 받았다. 치매는 누구에게나 올 수 있다.

---

3) http://www.gilhospital.com/

치매 연구의 세계적인 권위자인 김상윤 교수는 치매증상은 나이 들수록 가능성이 커지는 것은 맞지만, 오래 산다고 반드시 치매 증상을 보이는 것은 아니다. 또한 나이 들면서 인지 기능의 저하는 어느 정도 오지만, 일상생활 능력을 떨어뜨리지는 않기에 치매에 위험 인자를 잘 조절하면 치매 발생을 늦추거나 증상을 줄이며 살아갈 수 있다고 한다.

치매는 나이가 들수록 찾아오는 반갑지 않은 손님이지만 그래도 너무 겁먹을 필요는 없다. 지피지기 백전백승(知彼知己百戰百勝)이란 말이 있지 않은가! 적을 알고 나를 알면 백번 싸워서 백번 이길 수 있다. 치매를 잘 알고 관리를 잘하면 얼마든지 건강하게 살 수 있다.

♣ 치매 발생 위험 요인 12가지와 대처 요령
괄호 안 수치는 치매 유발 위험 40% 중 비율, 높을수록 위험 인자. 치매 60%는 위험요인 불명

치매 예방, 중재, 돌봄 사안을 제시하는 랜싯위원회 2020년 리포트)

	위험 요인	대처 요령
1	청력 소실(8%)	보청기나 인공 와우 수술로 청력 회복
2	저학력(7%)	끊임없는 평생 학습
3	장기간 흡연(5%)	금연, 패치나 약물 복용 가능
4	노년기 우울증(4%)	조기 진단, 조기 치료, 매일 햇볕 쬐며 걷기
5	사회적 고립, 소외 (4%)	다양한 사회 참여 활동과 어울리기
6	외상에 의한 뇌 손상 (3%)	자동차 안전띠 매기, 자전거 탈 때 헬멧 쓰기
7	고혈압(2%)	혈압을 수축기 120(mmHg),이완기 80 이하로 유지
8	운동부족(2%)	일주일에 3번 이상 한 번에 30분 이상 땀 흠뻑 나는 운동
9	대기오염(2%)	미세 먼지 줄이기, 오염 지역 피하기
10	당뇨병(1%)	식이와 운동, 약물로 혈당 관리, 정기 혈당 검사
11	과음(1%)	남자는 하루 1~2잔, 여자는 1잔 이하 음주
12	비만(1%)	적정 체중 유지(체질량 지수 20~23)

　알츠하이머 치매의 주요 원인 중 하나로 지목되는 것은 베타아밀로이드 단백질의 축적이다.

프랑스 국립 과학 연구원(CNRS) 연구진은 아밀로이드 단백질 응집체가 뇌 가소성을 가능케 하는 핵심 효소와 상호 작용하면서 뉴런 사이를 연결하는 일반적인 기능을 방해한다는 사실을 알아냈다.[4]

여기서 뇌 가소성은 뇌세포 일부분이 죽더라도 그 기능을 다른 뇌세포가 일부 대체할 수 있는 능력을 말한다. 베타 아밀로이드는 치매 증상이 생기기 15~20년 전부터 뇌에 쌓이기 시작하기 때문에 젊어서부터 관리해야 한다.

5~60대에 들어서면 혈관질환의 누적 효과로 염증 부산물과 독소로 인해 뇌의 노폐물 청소 시스템에 과부하가 걸리고 아밀로이드와 타우가 쌓이기 시작한다.

치매는 어쩔 수 없는 나이 듦에서 오는 것이 아니기에 충분히 예방할 수 있는 질병이다. 활동적 장년 액티브시니어들은 치매를 일으키는 원인으로 작용하는 퇴행성 질환인 고혈압, 당뇨병, 고지혈증 등의 성인 질환들도 예방하고 좋은 생활 습관으로 자기 관리를 잘하면 건강한 뇌로 활기찬 노년의 삶을 살 수 있을 것이라 믿어 의심치 않는다.

---

4) http://www2.cnrs.fr/en/3128.htm

치매는 생활습관병이다

"우리는 생활 습관이 두뇌 건강에 깊은 영향을 준다는 사실을 확신하게 되었다. 두뇌는 살아 있는 우주다. 두뇌는 어떻게 보살피느냐에 따라 달라진다." 세르자이, 아예샤세르자이

미국 미네소타주 멘카토 지역의 노트르담 수녀회의 수녀였던 메리 수녀는 101세에 사망을 했는데 사망할 때까지 모든 인지 활동이나 생활을 정상적으로 하고 있었다. 사후 그 수녀의 뇌를 부검한 결과 모두가 놀랐다. 그녀의 뇌는 다수의 뇌섬유가 엉켜 있었고 실로 달라 붙어있는 알츠하이머 뇌를 가지고 있었다.

수녀들의 생활은 기본적으로 매우 안정적이고 규칙적인 생활을 하며 약물을 복용하지 않고 술이나 담배를 하지 않는다. 채식 위주의 식사를 하고 늘 뇌를 자극하는 활동 체스 게임이나 글쓰기, 토론 등을 하며 대부분 학생을 가르치는 생활을 한다. 노트르담 수녀회는 교육을 중점적으로 두는 곳으로 건강하게 장수하는 수녀회로 유명하다.

치매는 생활 습관병이다. 메리 수녀의 사례에서도 나타났듯이 좋은 생활 습관을 들이면 중증의 알츠하이머병의 뇌를

가졌음에도 불구하고 전혀 치매 증상을 느끼지 못하고 정상적으로 살아갈 수 있다.

치매가 특히 두려운 이유는 '완치' 가능한 약이 개발되지 않았기 때문이다. 많은 연구와 실험을 했는데도 불구하고 치매를 낫게 하는 약은 없다. 단지 인지기능 저하를 최대한 더디게 하거나, 더는 진행되지 않도록 멈추는 거 외에는 방법이 없다.

알츠하이머는 진단이 내려지기 수십 년 전에 이미 발병한다. 잘못된 생활 습관 이를테면 운동 부족, 나쁜 식습관, 스트레스 조절 능력, 좋지 않은 수면으로 인해 60~70대에 이르러 우리 두뇌가 더 이상 견디지 못하고 마침내 굴복하면 그때야 비로소 사고력과 기억력의 변화를 느끼게 된다.

병이 이미 수십 년 전에 발병하는데 어떻게 치료 약을 만드는 것이 쉽겠는가? 하지만 앞으로 치매를 치료하는 완치약은 분명 개발될 것이다. 좋지 않은 생활 습관으로 찾아오는 불청객인 치매를 저 멀리 보내기 위해서는 좋은 생활 습관으로 무장을 해야 한다.

세계 다섯 군데 블루존이 있다. 블루존이란 사람들이 측정 가능한 수준으로 더 오래 더 건강하게 사는 지역을 말한다. 라이프스타일과 수명의 관계를 조사한 댄 뷰튜너(Dan Buettner)의 베스트셀러 '블루존'에서 사용되면서 유명해졌다. 이탈리아의 사르데냐, 그리스의 이카리아, 일본의 오키나와, 코스타리카의 니코야, 미국의 로마린다 등이다.

댄 뷰트너는 블루존의 장수비결을 아홉 가지로 설명했다.
1) 하루 일과를 통해 자연스럽게 몸을 움직이는 생활
2) 긍정적 인생관과 목적
3) 능숙한 스트레스 조절
4) 과식과 야식 피하기
5) 채식 위주의 식생활
6) 친구들과 가볍게 술 마시기
7) 신앙 공동체와의 연결
8) 가까운 가족과 평생의 반려자
9) 건강한 삶을 지원하는 사회관계망

이 블루존에 사는 사람들은 고령인데도 불구하고 건강한 두뇌와 신체로 행복하게 산다. 규칙적인 생활 습관이야말로 장수를 넘어 치매 없는 건강한 뇌를 갖고 사는 삶인 것이다.
뇌가 건강하려면 신체적 건강을 유지해야 한다. 혈관 건강의 위험 요소인 고혈압, 고지혈증, 미세혈관질환에 대처하면 심장과 신장뿐 아니라 건강한 뇌도 보호된다. 몸에 좋은 것은 뇌에도 좋을뿐더러 뇌에 좋은 것은 몸에도 좋다. 결국 건강한 뇌를 위해서는 건강한 신체가 수반 되어야 한다.

치매예방 강사 생활을 하면서 치매에 관련된 책을 많이 읽었다. 난 의료인도 아니고 학자도 아니다. 하지만 치매에 관한 책을 여러 권 읽어보니 공통점을 발견할 수가 있었다. 치매는 아직 치료제 약은 없지만 생활습관으로 예방 할 수 있다는 것이다. 치매는 생활 습관병이기 때문이다.

다음에 소개하는 '뉴로 플랜'은 알츠하이머를 예방하고 개선하기 위한 프로그램으로 신경과 의사이면서 부부인 딘 세르자이, 아예샤 세르자이가 연구하고 개발하였다.

1	영양	설탕이나 소금등 가공식품을 낮춘 자연식물식
2	운동	하루종일 정체된 생활을 하다가 저녁에 한 번 운동클럽에 들르는 정도가 아니라 매시간 신체를 움직이는 활동적인 생활
3	긴장 이완	요가나 명상 등 자연을 벗삼아 시간을 보내거나 단체활동을 통한 적절한 스트레스 관리
4	회복 수면	깨끗한 환경에서의 수면과 수면에 방해되는 약물과 음식 관리를 통한 하루 7~8시간의 수면
5	두뇌 최적화	다양한 두뇌 활동(음악 같은)과 의미 있는 사회적 상호 작용

치매는 발병하기 15~20년 전에 이미 우리의 뇌에서 진행되고 있다는 것은 참으로 충격적이다. 우리는 나쁜 습관에 익숙해져 내 몸이 망가지고 있는 줄도 모르고 살아간다. 나역시 바쁜 삶이었고 고단한 삶을 살다 보니 순간순간 편안함에 몸을 맡기고 좋지 않은 생활 습관으로 살아왔다. 그래서 유방암도 걸리지 않았나 싶다. 하지만 지금은 그 누구보다도 좋은 생활 습관으로 나를 길들이려고 노력하고 있다.

우리는 원하든 원하지 않든 평균적으로 오래 살 수밖에 없다. 앞으로 살아온 세월만큼 살아야 하는데 건강한 뇌, 건강한 신체로 살아가야 않겠는가? 좋은 생활 습관으로 나를 변화시키고 치매가 얼씬 못하도록 활동적 장년 액티브시니어 우리는 즐겁게 노력하자.

뇌를 건강하게 하는 7가지 습관

"건강은 꼭대기(top), 즉 '머리'에서 시작하는 것."

산제이 굽타

뇌를 건강하게 하는 7가지 습관

첫째, 새로운 뇌를 자극하자.

런던에서 택시 운전기사 면허증을 받으려면 약 2만5,000 개의 도로와 수천 개의 광장을 반드시 알고 있어야 하며 모두 익히는 데 수년이 걸리고 여러 단계의 시험을 통과해야 택시 운전 면허증이 나온다.

런던의 뇌 과학자들이 택시 기사 18명과 버스 기사 17명을 조사했는데 연령이나 학력, 운전 경험, 지능 면에서는 별 차이가 없었는데 '해마(hippocampus)'부위에선 차이가 뚜렷했다. 해마는 기억력과 새로운 것을 인지하는 기관인데 특히 택시기사들의 해마의 크기가 컸다.

쓰면 쓸수록 뇌는 좋아지며 뇌가 좋아진다는 것은 기억을 잘하고 건강하게 산다는 의미다. 런던의 택시 운전기사들은 내비게이션보다도 더 좋은 기억력으로 새롭게 만들어지는 골목길을 찾아서 누볐을 것이다.

매주 새로운 식당에서 식사를 하거나 새로운 길로 퇴근을 하거나 새로운 길로 걸어보라. 새로운 악기를 연주해 보거나, 새로운 동식물을 키워도 보라. 걷기만 했다면 뛰어도 보라. 평소에 사용하지 않던 뇌를 반복해서 사용해 보라. 우리의 뇌는 늘 새로운 것을 갈망하며 좋아한다. 반짝반짝하는 기억력은 덤으로 온다.

둘째, 외국어를 공부하자.

교육, 학습과 같은 적극적 두뇌 활성화를 일정 기간 이상 지속하면 뇌의 신경망이 촘촘해지는데 이를 '인지예비능'이라한다. 이는 우리 뇌에 비상시 사용할 수 있는 저축을 해두는 것과 같다. 인지 예비능이 커질수록 치매에 걸릴 위험성이 낮아진다는 연구 결과는 무수히 많은데 이런 '인지예비능'을 키우는 가장 효율적인 방법이 외국어 학습이다.

한설희 건국대병원 신경과 교수는 2013년 미국 신경의학회지에 이중 언어를 구사하는 사람이 한 가지 언어만 쓰는 사람에 비해 치매 발생 위험이 낮으며 설사 발생하더라도 4~5년 늦게 나타난다는 연구 결과를 발표했다.

그러므로 한평생 이중 언어를 사용하게 되면 치매 발생 위험을 상당히 줄일 수가 있다. 평소 모국어를 사용할 때 활성화되는 뇌 영역과 외국어를 구사할 때 활성화되는 뇌 영역이 다르다고 하니 평소 사용하지 않던 뇌 부위를 사용하는 데는 외국어 공부만큼 좋은 게 없다.

셋째, 소리 내어 말을 하자.
처음 치매예방 강사가 되어 강사 트레이닝을 받을 때 귀가 따갑도록 들은 말이 소리 내어 말하기였다. 그때는 교육이니 그저 따라 했을 뿐인데 치매에 대한 공부를 하면 할수록 중요하게 느껴지는 생활 습관 중의 하나가 바로 소리내어 말하는 것이었다.

소설이나 성서 등을 소리 내어 읽으면 5~10분만 읽어도 피곤해서 기진맥진해진다. 머리가 피로를 느끼는 것은 전두엽이 활성화되었다는 것이다. 반대로 만화책은 1시간도 거뜬히 본다. 전두엽이 별로 움직이지 않아서 그렇다. 하루에 5분씩이라도 낭독해서 읽어보아라. 책이나 신문이나 무엇이든 좋다. 뇌활성화에 큰 효과가 있다.
국제치매예방협회 회장(신연자)은 "소리 내어 말하는 것만으로도 우리의 뇌는 활성화된다. 혼자서 TV를 볼 때도 중얼중얼 대화하면서 보라. 뇌가 움직인다."고 말한다.

넷째, 양손을 사용하자.

가와시마 류타는 평소에 잘 쓰지 않는 손을 사용하면 대뇌의 전두엽에 있는 '근육의 움직임을 명령하는 운동야'가 좌우 모두 활발히 움직인다고 전한다.

손과 뇌는 밀접한 관계에 있다. 보통 오른손을 많이 사용하는 사람들은 좌뇌가 움직이고 평소에 사용하지 않던 왼손을 사용하면 좌뇌, 우뇌가 동시에 움직인다. 평소에 사용하지 않던 왼손을 사용하면 우뇌가 움직이면서 약간은 익숙지 않은 행동에 좌뇌가 나서서 도와준다. 왼손을 많이 사용하는 경우도 마찬가지다. 이렇듯이 양손을 사용하게 되면 우리의 뇌는 좌뇌, 우뇌가 바쁘게 움직여 뇌가 활성화 된다.

다섯째, 단순한 계산을 빠르게 풀자.

가와시마류타는 복잡한 계산보다 단순 계산을 빨리 푸는 것이 전두엽의 활성화에 좋다고 말했다. 단순 계산을 할 때 눈으로 보고 시각화하며 숫자의 의미를 해석하고 이해하면서 뇌는 움직인다. 간단한 계산이지만 우리의 뇌는 시각회로, 의미를 이해하는 회로, 계산 회로 등 여러 가지 뇌의 기능들이 활동을 하면서 뇌가 활성화된다.

길을 가다 간판에 적인 숫자를 보고 더하기, 빼기, 곱하기, 나누기 등을 해보거나 자동차 표지판 숫자를 순서대로 더하기를 한다거나 걸으면서 2의 배수, 3의 배수로 숫자로 100까지 세는 방법도 뇌를 활성화하는데 좋은 방법이다.

여섯째, 글쓰기를 하자.

글을 읽고 쓰며 창의성을 요구하는 글쓰기는 뇌 활동 인지기능 향상에 매우 효과적이다. 가장 쉽게 접근할 수 있는 것이 바로 일기 쓰기이다. 저녁 취침 전이나 조금은 한적한 시간에 하루를 돌아보며 생각할 수도 있고 훗날에 기억이 가뭇가뭇하고 잘 나지 않을 때 회상할 수도 있어서 좋다. 간단한 그림을 추가하면 뇌가 더욱 활성화되어 움직인다.

일곱째, 활기차게 움직이자.

치매로 넘어가는 중간 단계인 '경도인지장애'판정을 받은 노인의 4.8~8.7%가 4년 안에 치매 진단을 받는 것으로 나타났다. 그런데 경도인지장애 노인이라도 주 5회 이상 중강도 또는 주 3회 이상 고강도 신체활동을 규칙적으로 하면 안 그런 노인에 비해 진단 위험이 15% 낮은 것으로 분석됐다.[5]

뇌를 건강하게 하는 데는 가만히 있는 것보다는 일단 움직임이 좋다. 적어도 일주일에 3차례 매번 30분 이상은 밖

---

5) https://www.sedaily.com/NewsView/22JQ7SEKSR

으로 나가 움직이자. 산책, 걷기, 조깅 등 가벼운 운동을 하는 것도 좋다. 움직일 때는 이왕이면 생기 있고 활기차게 움직이자. 심신이 행복하면 우리의 뇌도 즐거워한다.

내가 먹는 음식, 뇌 건강을 결정한다

"뇌는 모든 신체 행위에 관여하는데, 이런 뇌를 관장하는 것은 소화관, 즉 장(腸)이다. 장이 기분과 생각을 조절하는 역할을 한다. 장이 뇌를 조정하는 운전대를 잡고 있다."

마이클 거숀박사 <제2의 뇌>

뇌는 다른 신체 기관보다 나쁜 음식에 더 예민하다. 더 열심히 일하고, 더 많은 에너지를 사용하며 더 많은 노폐물을 만들기 때문이다. 장이 건강해야 명확하고 의식적인 생각을 할 수 있다.

뇌의 기능을 향상하고 싶다면, 장 건강에 주의를 기울여야 하는데 현재의 연구들에서는 가장 이상적인 식단은 설탕, 육류, 유제품을 먹지 않는 자연식이다. 그런데 이렇게 완벽하게 먹기는 쉽지 않으므로 자기가 처한 상황에 따라 지속 가능한 식단으로 먹는 것이 좋겠다.

우선 뇌에 좋은 재료를 골고루 먹는 습관을 들여야 한다. 뇌에 좋은 10가지 슈퍼푸드 음식과 오메가3가 풍부한 음식을 먹기를 권한다. 토마토, 블루베리, 늙은 호박, 강황, 다크 초콜렛, 호두, 연어, 브로콜리, 시금치, 연잎차(녹차), 등푸른 생선, 견과류 등이다.

생선에는 오메가3 지방산이 풍부하지만 가능한 자연산 연어, 정어리, 멸치 같은 오염이 덜 된 자연산 소형 어류를 선택하면 좋다.

또한 흡수가 잘되면서 오염이 덜 된 오메가3 지방산은 해조류다. DHA와 EPA 같은 오메가3 지방산이 모두 들어있는 오염되지 않은 해조류 추출 오메가3 보충제를 먹어보기를 권한다.

뇌에 좋지 않은 음식은 바로 설탕이다. 톰 브라이언(당신은 뇌를 고칠 수 있다)은 정제된 설탕은 먹는 양에 관계없이 가장 많은 염증을 일으키는 식품으로 건강에 도움이 되는 설탕이란 세상에 없다고 말한다.

설탕 섭취는 인지력 손상 및 알츠하이머와 관련이 있고 암, 우울증, 불안, 뇌졸중과도 관련이 깊다. 설탕은 텅 빈 칼로리다. 정제된 에너지 이외에 몸이 흡수해 유익하게 사용할 가치가 있는 바타민, 철 아연, 망간, 구리 같은 미량영양소가 없기 때문이다.

또한 설탕을 너무 많이 먹으면 당뇨병에 걸릴 수 있다. 우리가 음식을 먹으면 영양소가 포도당으로 바뀌어 에너지원으로 사용되는데 설탕은 포도당의 역할을 방해한다. 그래서 우리 몸에서 분비되는 인슐린과의 불협화음으로 당뇨가 생기게 되는 것이다.

그런데 우리는 나도 모르게 설탕에 중독되어 있다. 잦은 외식과 가공된 식품들로 인하여 설탕의 유혹에서 빠져나올 수 없는 것이다. 어렵겠지만 하나씩 바꾸어 보자.

오렌지 주스를 먹고 싶거든 대신 물이나 설탕이 안 들어간 커피, 녹차를 마시자. 시판 샐러드드레싱 대신 레몬이나 올리브오일을 먹고 과일요구르트 대신 바나나, 블루베리를 먹으며 쿠키 대신 사과나 과일을 먹어 보자.

뇌에 자양분을 주는 음식 중에 손꼽으라면 콩, 블루베리, 브로콜리, 커피, 다크초콜릿, 엑스트라버진 올리브오일, 아마씨, 허브티, 허브, 잎채소, 버섯, 견과류, 오메가3(해조류 추출), 퀴노아, 씨앗, 계피, 고구마, 녹차, 강황, 통곡물이 있다.

반대로 피해야 할 음식은 가공식품, 가공육, 붉은 고기, 닭고기, 버터, 마가린, 튀긴 음식과 패스트푸드, 치즈, 패스트리와 사탕, 탄산음료, 과도한 알코올 등이다.

TV나 유튜브를 보면 음식과 관련된 프로그램이 많고 CF 역시 우리의 눈과 입을 자극한다. 맛있는 음식이 도처에 널려있고 그 유혹에서 빠져나오기는 쉽지 않다. 바쁜 일상 속에서 편리함을 추구하기에 우리들의 식탁에는 가공된 식품들이 많이 올라오는데 나의 식탁에도 마찬가지로 순수 자연식물식보다는 간편한 육류요리들로 채워질 때가 더 많다.

그러나 오래 건강하게 살아야 하는 활동적 장년 액티브시니어들은 노력해야 한다. 완전하게 뇌에 좋은 건강식을 챙겨 먹기는 쉽지 않겠지만 조금씩 천천히 뇌 건강을 위하여 바꿔보는 것이다. 우선 뇌에 좋지 않은 음식부터 하나씩 끊는 습관을 들이자. 그리고 뇌에 좋은 재료들로 만든 음식을 골고루 먹는다.

음식을 먹을 때는 천천히 꼭꼭 씹어서 먹고 사랑하는 사람과 대화를 하면서 먹는다. 맛있는 음식을 먹다보면 과식을 하기가 쉬운데 나이 들수록 과식하지 말고 소식을 하는 것이 훨씬 좋다.

일주일에 한 두번 정도는 몸무게를 측정하고 매일 밤 그날 무엇을 먹었는지 식사 일기를 쓰는 것을 추천한다. 식사 일기 쓰는 것이 번거롭다면 달력에다 메모를 해두면 좋은 식습관을 갖고 기억 훈련을 하기에도 좋으니 뇌건강을 살피는 데는 일석이조다.

수면은 뇌를 튼튼하게 하는 해독제다

중년의 나이에는 얼마만큼 잠을 자야 머리도 맑아지고 건강하게 활동할 수 있을까?

영국 런던 칼리지대와 프랑스 파리대 공동연구팀은 '수면 습관과 치매 발생간의 관계'를 영국인 공무원 7,959명을 대상으로 25년 동안 추적한 결과, 50~60대에 수면 시간이 하루 6시간 이하인 그룹은 하루 7시간 잠을 자는 그룹과 비교하여 치매 발병 위험이 30% 높은 것으로 나타났다.

국제 학술지(Aging)에 따르면 미국 하버드대학 브리검 여성병원 연구팀이 65세 이상 노인 2610명을 대상으로 수면 장애와 치매 사이의 연관성을 조사했다. 하루 수면 시간이 5시간 이하인 노인의 치매 위험이 7~8시간인 노인보다 두 배로 높았다.

위의 사례를 보듯이 잠을 7~8시간 충분히 자지 못하면 치매에 걸릴 확률이 높다. 하루 7~8시간의 수면은 그 어떤 해독주스보다 효과적으로 우리 뇌의 독소를 제거해 준다. 잠을 자는 동안 뇌는 휴식을 하는 것이 아니라 우리가 상상할 수 없는 일들을 한다.

낮에 쌓여있는 많은 정보를 통합하는 이른바 단기기억을 장기기억으로 옮기는 일들을 하고 뇌의 독소인 베타아밀로이드 단백질을 밖으로 배출하는 역할을 한다. 잠을 자는 동안 뇌는 쓸모없는 기억은 제거하며 생각 정리와 사고가 통합되는 시간을 갖는다. 잠을 설친다고 하거나 규칙적으로 충분히 수면을 취하지 못했을 때 우리는 심신이 피곤해짐을 느낀다. 집중력과 사고력도 현저하게 떨어진다.

잠이 뇌건강에 어떤 영향을 주는지 이은아 신경과 전문의는 다음과 같이 말한다.

첫째, 잠을 잘 자면 병원에 가는 횟수가 적다. 수면장애가 있는 사람들은 성인병인 심장병, 뇌졸중, 당뇨 등에 쉽게 노출된다.

둘째, 잠을 잘 자면 몸속의 염증이 낮아지며 뇌 속의 아밀로이드가 감소하여 알츠하이머 위험이 감소한다.

셋째, 잠을 잘 자면 행복한 감정을 많이 느끼고 부정적인 감정에 저항력이 강해진다.

넷째, 잠을 잘 자면 집중력과 주의력이 좋아진다.

이 밖에도 수면 시간은 사망률과도 밀접한 관계가 있다. 잠을 6시간 미만이나 8시간 이상으로 많이 자는 사람의 사망률이 높았다. 100만 명을 대상으로 한 연구에서 사망률이 가장 낮은 수면 시간은 7시간이었으며 6시간미만이나 8시간이상 잠을 자면 사망률이 10~15%씩 증가한다.

학원 강사 생활을 할 때 주중에는 바쁘고 늦게까지 일을 하는 관계로 충분한 수면을 취하지 못했다. 그래서 주말이면 잠을 몰아서 잔다고 할 정도로 8시간 이상, 어떤 경우에는 온종일 잠을 잔 적도 있다. 그런 날 깨어나면 그리 개운하지도 않았고 오히려 나른함만 더했던 기억이 난다. 아마도 규칙적이지 않고 적절한 수면 시간이 아니어서 그랬던 것 같다.

나이 들면 잠이 없어진다고 하는데 노화와 함께 일어나는 뇌의 변화 때문에 잠을 자기 어려워서 그렇다. 나이 들어도 젊은 사람과 똑같은 양의 수면이 요구된다고 하니 하루 7~8시간은 꼭 자 두어야 한다.

잠 못 드는 밤이 많아질 때 수면제를 먹는 경우가 있다. 수면제는 수면 주기에 악영향을 미치므로 가능하면 먹지 않는 게 좋고 충분한 수면을 위한 생활 습관을 바꿔보기를 권한다.

낮에 충분한 햇볕을 쬐면 신경전달 호르몬 '세로토닌'이 많이 저장된다. '세로토닌'은 밤에 숙면할 수 있는 '멜라토닌' 호르몬으로 바꾸므로 잠을 충분히 잘 수 있다.

또한 잠자기 최소 30분 전에는 스마트폰, TV, 컴퓨터를 멀리하는 것이 좋다. 숙면에 방해가 된다. 침실은 차분하게 잘 정돈하고 벽지 색깔도 바꿔보면 좋다.

잠자기 전에는 음식을 가능한 먹지 않는다. 뇌가 숙면할 때 취할 수 있는 본연의 일을 할 수 있도록 도와줘야 하기 때문이다. 오후 늦게 카페인을 먹지 않는다. 카페인의 특성상 잠을 자는데 방해를 한다.

최근 영국 셰필드대에서 651명을 대상으로 설문조사를 실시한 적이 있는데, 이 조사에서 응답자의 62%가 음악을 들으면 잠드는 데 도움이 된다고 답했다.

잠을 잘 때 이미 많이 들어서 익숙한 음악이나 피아노 선율, 자연에서 나는 빗소리나 물소리 같은 것을 들으면 숙면을 취하는 데 도움이 된다. 잠을 잘 잔 것 같은데 일어나면 피곤하고 왠지 진이 빠진 느낌이 드는 경우가 있다. 그런 횟수가 잦아지고 운전을 오래 하다 보면 졸음운전을 하기 일쑤거나 코를 심하게 골면서 입을 벌리고 자고 있다면 수면무호흡증 검사를 받아보는 것이 좋다. 나의 잠자는 모습은 내가 알 수 없으니 가족이 관심 있게 관찰해주면 좋겠다.

일본 직업·환경보건대학교(University of Occupational and Environmental Health) 이비인후과–두경부외과 기타무라 타쿠로(Kitamura Takuro) 교수팀은 '치매의 잠재적

유발인자로서의 불면증과 폐쇄성수면무호흡증'에 대한 연구 논문에서 폐쇄성수면무호흡증 환자가 알츠하이머와 혈관성 치매 가속화를 경험하는 경향이 크며, 불면증 환자는 알츠하이머의 가속화가 발생하거나 경험하는 것으로 나타났다고 보고했다.

2015년 사우스플로리다대학교 연구진이 수면무호흡증은 알츠하이머 위험을 70% 증가시킨다고 보고 했다. 수면무호흡증이 의심되는 경우에는 건강보험 급여를 받을 수 있으니 '수면 다원 검사'를 받아보기를 추천한다.

잠은 곧 보약이다. 하루에 7~8시간 숙면을 취함으로 건강한 뇌를 갖는 것은 나이 들수록 취해야 할 생활 습관 중의 하나이다. 잠자는 시간을 아까워하지 말고 뇌가 최적의 기능을 할 수 있도록 활동적 장년 액티브시니어는 노력하자.

치매가 좋아하는 '나 홀로'

"나이 든 상태에서 사회와의 유대가 끊기면 단번에 치매 위험도가 높아진다." 엔도 히데토시

10대에는 빨리 어른이 되어 하고 싶은 일을 하면서 맘껏 자유를 누리고 싶었다. 20대에 결혼하고 30~40대에 직장과 가정일을 병행하며 치열하게 살았다. 이런저런 일을 겪으며 살다 보니 어느새 50대 중반의 나이가 되었다.

이 글을 읽는 독자는 나와 같은 세대이거나 아니면 약간 윗세대, 또는 부모님의 노후와 건강을 걱정하는 분들일 것이다. 너나 할 것 없이 모두가 노후 걱정에 치매 걱정까지 할 나이가 되었다.

60대에 퇴직을 하면 집에 있는 시간이 많아진다. 활발한 바깥 활동을 할 수 없을뿐더러 사람들과의 관계도 원활하지 않기 때문에 외로운 상황에 놓이게 된다. 더욱이 요즘은 코로나 펜데믹이 지속되면서 TV에서는 코로나19와 관련된 우울한 이야기기와 뉴스가 연신 보도되고 있다.

이렇게 우리의 일상은 우울감에 더욱 노출되고 있으나 그 해결책은 막연한 상태다. 치매는 우울과 고립을 좋아한다. 그러므로 딱 지금의 상황이 치매가 좋아할 환경이라고 할

수 있다.

　미국 샌프란시스코 캘리포니아대 연구진은 알츠하이머 치매 환자 1,500명을 대상으로 연구를 진행한 결과 우울증, 불안장애, 양극성 장애, 조현병, 외상후 스트레스 장애 중 한 가지의 정신질환을 앓고 있는 사람은 그렇지 않은 사람보다 치매 증상이 약 1.5년 빨리 나타났다.

　두 가지 정신질환이 있는 사람과 세 가지 이상의 정신질환이 있는 사람은 정신질환이 없는 사람보다 각각 3.3년, 7.3년 빠르게 치매 증상이 나타났다.

　지금 혼자 우울한 시간을 보내고 있다면 일단 집 밖으로 나가보자. 일단 밖으로 나가면 새로운 환경이 보인다. 마스크를 쓰고 길이나 공원을 걸으며 지나가는 사람 구경을 하는 것도 좋다. 집안에 혼자 있지 말고 어떻게든 집 밖에서 활동해야 한다.

　새로운 취미와 공부에 적극적으로 도전해 보고 그곳에서 만나는 사람들과 새롭게 어울려라. 퇴직한 분들은 그동안 배우고 싶었던 것, 하고 싶었던 것 찾아서 작은 것부터 시작해 보라. 돈이 들더라도 나를 위해 투자하라. 치매 예방도 되고 삶의 활력도 생기는 일석이조다.

중고등 대상으로 학원 사업을 했던 나는 사업에 크게 실패한 후 경제적으로 많은 것을 잃었다. 열심히 해도 세상에는 안 되는 일이 있다는 것을 그때 느꼈다. 최악의 생각까지도 했던 그 시절을 잘 견디고 지금 이렇게 글을 쓰고 있는 나를 보면서 하느님께 너무나도 감사하다.

하지만 나의 옆 동지 남편은 그때 얻은 공황장애, 우울증 등 그 후유증으로 지금까지 약을 먹고 있지만, 점점 좋아지고 있어 그 또한 감사하다.

아무것도 하고 싶지 않은 아픈 남편을 위해 내가 할 수 있는 일은 밖으로 데리고 나가는 것밖에 없었다. 나는 운전을 못하고 남편은 운전하기를 싫어해서 대중교통을 이용했다. 지하철, 버스를 이용하기도 하고 걸어서 얼마든지 가고 싶은 곳을 갈 수 있으니 세상 편하다. 우리나라처럼 이렇게 대중교통 시설이 잘 되어있는 나라는 많지 않을 것이다. 새삼 대한민국에 태어나서 살고 있음에 감사함을 느낀다.

재래시장에 가서는 이것저것 구경도 하고 다리 아프면 빈자리 앉아서 지나가는 사람 구경도 한다. 날씨가 좋을 때는 등산도 가고 공원도 가서 셀카봉으로 사진 찍기 놀이도 한다. 예전에는 사진 찍기를 무척 싫어하는 남편이었지만 이제는 스스럼없이 사진을 찍고 SNS에 올리면 은근히 좋아한다.

밖에 나가 보면 혼자서 오신 분들도 있고 내 또래나 그 위 선배 세대 부부들이 셀카봉으로 사진을 함께 찍는 모습을 보면 은근 반갑고 보기가 참 좋다.

요즘은 시니어들이 SNS 활동을 활발하게 하는 모습을 많이 볼 수 있다. 나이를 잊고 자신의 역량 안에서 할 수 있는 것을 찾아 열심히 노력하는 시니어들의 활동은 오히려 젊은 세대에게 인기를 얻으며 성장해 나가고 있다.

치매는 '나 홀로'를 좋아한다. 고독, 사색이란 말은 나이 들어갈수록 멀리해야 한다. 보건복지부 한국 건강증진 개발원에서 '노년기 우울 증상과 예방'을 발표했는데 한 번쯤은 체크를 해두면 좋을 것 같다.

노년기 우울 증상의 예는
1) 젊을 때보다 사는 게 많이 재미없다.
2) 최근 이유 없이 슬프고 쉽게 눈물이 난다.
3) 주변에 사람들이 없는 것처럼 느껴지고 외롭다.
4) 사소한 것에도 집중이 흐트러지고 자꾸 잊어버린다.
5) 입맛이 많이 없어지고 쉽게 피곤하다.
6) 이제까지 살아온 인생이 허무하게 느껴진다.
7) 죽음이나 자살에 대해 자주 생각한다.

8) 숙면을 취하기가 어렵다.

9) 이유 없이 몸 여기저기가 아픈데 병원에 가면 정상이라고 한다.

위의 예는 보통 사람이면 한두 개씩은 가지고 있다. 그러나 여러 개가 체크가 된다면 예방법을 눈여겨봐야한다.

노년기 우울 예방법은 일단 내 주위에 나를 지지해 주는 든든한 자원을 만드는 것이다.

말없이 참지 않는 것이다. 선인들 말씀에 '참을 인'이 셋이면 살인도 면한다, 여자가 결혼하면 '장님 3년, 벙어리 3년, 귀머거리 3년'이라는 말처럼 참으라고 배웠다. 그러나 이제는 참는 게 미덕인 세상은 지났다. 세대가 많이 변하기도 했지만 이젠 말없이 참는 삶은 병을 가져올 뿐이다. 그동안 정말 많이 참고 살았다. 이제 더 이상 참지 말고 할 말은 하며 살아가야 한다. 무조건 참아서 생기는 한국 특유의 울화병은 이제 그만.

또한 친구, 이웃, 가족 등 주변 사람과 자주 이야기를 나누며 혹여 남에게 도움을 요청할 일이 있으면 두려워하지 말고 해야 한다. 우리나라 사람들은 정이 많다. 예전부터 상부상조의 마음이 저 밑바닥부터 저장돼있는 민족이기 때문이다.

이렇게 수십 년을 살아온 나는 참으로 대견한 존재이며 소중한 존재다. 내가 나를 지지해 주자. 스트레스를 줄이기 위해 노력하며 즐거운 생각을 하고 즐거운 일에 참여를 하며 활동 시간을 늘리는 거다.

이제는 활동적 장년, 액티브시니어는 치매가 좋아하는 '나 홀로 고독'을 사랑하지 말고 밖으로 나가보기를 권한다.

웃음은 머리를 좋게 만든다

"웃음은 전두엽을 단련시키고 머리를 좋게 만든다."

가와시마 류타

인간과 동물을 구별하는 것 중의 하나가 동물은 웃을 수가 없다는 것이다. 동물은 분노, 슬픔, 기쁨을 느낄 수는 있으나 결코 웃지는 못한다. 포유류인 침팬지가 웃음에 가까운 표정을 짓는다고 알려져 있으나 젖을 뗀 후에는 그 표정은 볼 수가 없다.

의학박사 가와시마 류타는 "사람이 웃으면 전두엽의 최전방 부위가 움직이고 날마다 자주 웃으면 전두엽을 단련시켜 머리가 좋아진다."라고 말한다.

5분 정도 소리 내어 무언가를 읽으면 머리가 피곤해지는 현상을 느낀다. 뇌가 그만큼 움직였다는 것이다. 웃음도 마찬가지로 오랫동안 웃을 수도 없지만 웃고 나면 피곤해지는 이유는 바로 전두엽이 바쁘게 일을 했기 때문이다.

웃음은 다음과 같은 효과를 가져온다.

혈압을 안정되게 만들고 폐 속 잔류 공기를 감소시킨다. 말초 순환의 증가로 피부 온도의 상승과 소화를 촉진함으로써 많이 웃으면 배가 고픈가 보다.

또한 근육에 산소 공급을 증가시키고 근 긴장을 완화함으로 엔도르핀 분비를 활발하게 한다. 엔도르핀은 동물의 뇌 등에서 추출되는 모르핀과 같은 진통 효과를 가지는 물질의 총칭으로서 사람들을 활기차고 건강하게 만드는 물질이다. 웃으면 건강해진다는데 웃지 않을 수가 있겠는가!

예전에는 TV에서 개그프로를 보면 재미있었다. 그런데 언젠가부터 말도 이해가 안 가고 예전처럼 웃게 되지도 않았다. 아마도 개그 콘텐츠의 변화와 세대 차이도 있겠지만 그만큼 내 감정이 무뎌져서 그런 것은 아닌가 한다. 분명한 건 웃음이 줄었다는 것이다.

아이들은 하루에 평균 400번 정도를 웃는데 어른이 되면서 하루 6번 정도로 줄어든다는 기사를 보았다. 나이가 들면서 웃음을 잃으면 건강도 잃을 확률이 높다.

웃음은 1,000억 개에 달하는 뇌세포를 자극한다. 살짝 웃는 미소 역시 얼굴의 수많은 근육이 움직여서 만들어지는 것이다. 근육의 움직임은 바로 뇌를 자극하게 된다.

어쩔 수 없이 웃는 웃음 '억지웃음'도 효과가 있다. 우리의 뇌는 가짜 웃음, 진짜 웃음을 구별하지 못한다고 한다. 그러니 억지로 웃어도 웃음 그 자체로 90%의 효과가 있으니 많이 웃어서 건강한 삶을 살아보자.

심리학자 윌리엄 제임스는 '행복하기 때문에 웃는 것이 아니라 웃기 때문에 행복한 것'이라는 말을 했다. 나도 자주 사용하는 말이다.

웃음의 효과는 무궁무진하게 많다. 우울증에 걸리면 제일 먼저 웃음을 잃어버린다. 아무리 웃기는 장면을 봐도 웃지를 못한다.

나의 옆 동지가 그랬다. 우울증 약을 먹으면서 억지로라도 웃기까지 많이 힘들었고 정말로 많은 노력을 했다. 억지로라도 습관을 들여서 웃어 보자. 그러면 어느새 잘 웃는 사람이 되어 있을 것이다.

웃음에는 소리를 내지 않고 빙긋이 웃는 웃음 미소, 크게 입을 벌리고 떠들썩하게 웃는 웃음 홍소, 여럿이 폭발하는 갑자기 웃는 웃음 폭소, 얼굴 표정을 한껏 지으며 크게 웃는 웃음 파안대소, 손뼉을 치며 크게 웃는 박장대소, 아예 배를 잡고 데굴데굴 구르며 웃는 포복절도 등이 있다. 내가 독자들에게 권하고 싶은 웃음이 바로 박장대소다.

손뼉을 치는 것만으로도 뇌를 자극하는 활동인데 더불어 웃기까지 하면 최고의 뇌 자극이 된다. 웃음 치료법에도 자주 사용하는 방법이다.

소문만복래. 웃으면 복이 온다는 말이 그냥 하는 말이 아니다. 웃다 보니 마음도 몸도 건강해지고 머리도 좋아진다.

가족들이 함께 모여 있을 때 가끔 옆 동지가 아재 개그를 할 때가 있다. 나는 재밌고 웃기는데 정작 아이들은 썰렁하다며 핀잔을 준다. 그러면서도 피식 웃는다.

부모 세대와 자녀 세대 간의 생각과 환경이 달라서 받아들이는 데는 차이가 있어도 웃는 데는 한몫 한다. 그러니 아재 개그라 할지라도 본인과 주위 사람을 위해 도전해 보는 것도 좋을 것 같다.

주위 사람을 웃기는 사람은 순발력도 있고 총명하다. 복지관에 치매 예방 강의를 할 때 유독 농담을 잘하시거나 재치 있게 말씀을 하는 분들이 있는데 그분들은 대체로 건강하고 밝았다. 남을 웃긴다는 것은 그만큼 본인의 뇌가 활동하는 것이므로 자신에게도, 상대방에게도 참으로 좋다.

뇌를 맑게 하기 위해서는 수시로 웃어야 하는데 재미있는 넌센스 퀴즈를 보는 것도 하나의 방법이다.(정답은 밑에)

가령 의사가 미워하는 놈은? 6)
치과의사가 미워하는 놈은?

---

6) 앓느니 죽겠다는 놈, 이 없으면 잇몸으로 살겠다는 놈, 홀딱(홀닭), 신사용, 숙녀용, 열바다(열받아)

세상에서 가장 야한 닭은?

화장실에 사는 2마리 용은?

바다가 뜨거우면?

그럴싸하다. 나이 들수록 얼굴의 피부가 처진다. 가만히 있으면 점점 더 탄력을 잃어 피부는 내려오게 되어 있다. 얼굴의 피부를 탱탱하게 하는 방법이 있다. 바로 웃음이다. '입꼬리 귀에 걸고'를 손 운동과 함께 여러번 반복하면 저절로 웃음이 나온다.

웃는 미소를 스마트폰으로 셀카로 찍어보라. 이렇게도 웃어보고 저렇게도 웃어보면서 어떨 때 나의 미소가 가장 아름답게 보일지를 찾아보고 그대로 웃어보자. 비싼 화장품을 사용하지 않아도 성형수술을 하지 않아도 우리의 얼굴은 그야말로 탱글탱글해져 있을 것이다.

나이가 들면서 사진찍는 것을 싫어하는 시니어들이 있다. 이유를 물어보면 얼굴에 주름이 생겨 나이 들어 보이는 게 싫다고 한다.

하지만 지금이 내 인생에서 가장 젊을 때다. 주름살 하나 더 늘기 전에 멋지게 사진을 찍어서 카톡 프로필도 꾸며 보자. 환하게 웃는 모습은 보는 이로 하여금 미소 짓게 한다.

우리의 뇌는 웃음을 간식으로 먹는 것을 좋아함으로 지금부터라도 입꼬리 귀에 걸고 웃자.

PART 3

운동으로 체력을 기르자

걷지 않고 건강하길 바라는 건 말이 안 된다.
걷기야말로 건강을 지키는 가장 확실한 길이다

워킹은 최고의 노화방지다

"나에게 작은 한 걸음이지만 내 건강에게는 위대한 도약이다. 비록 보잘것없는 한 걸음 한 걸음이 모여 나의 건강을 지킨다." 이준호 가정의학과 의사

운동을 시작하기에 나이는 상관없다고 하지만 50대, 60대를 넘긴 사람들에게는 운동이 어려운 도전으로 느껴질 수 있다. 가장 큰 이유는 노화로 인한 호르몬의 변화와 약해진 근력과 골격근이다.

나 또한 50대 초반에 갱년기가 오면서 호르몬의 변화 때문인지 여기저기 아프기 시작하더니 가장 두드러지게 나타난 것은 허리 통증이었다. 병원에서 검사도 해보고 이런저런 치료와 처방을 받아 약도 먹어보았지만, 그때뿐, 시간이 지나면 또 통증은 계속되었다.

목마른 사람이 우물 판다고 내가 그랬다. 의학적으로 치료받을 상태는 아니라고 하는데 통증은 계속되었기에 건강과 운동 관련된 책을 찾아보기 시작했다. 그래서 얻은 결론은 운동을 하는 것이었고 그중에 가장 편하고 쉽게 접근할수 있는 것이 워킹이었다.

매일 일정한 시간을 정해서 40~50분 정도 꾸준히 걸었는데 아팠던 통증이 사라지기 시작했다. 지금은 거의 통증이 없어졌기에 걷기는 나에게 건강과 행복감을 높여 준 그야말로 고마운 운동이다.

중장년 이상에서 하는 운동 중에 특히 치매 예방에 효과적이라고 확실히 입증된 운동은 유산소운동이다. 그중에서 걷기는 대표적인 유산소운동인데 일정한 시간을 정해서 걷기를 하면 더욱 좋지만, 시간이 여의치않을 때는 틈나는 대로 걸어도 좋다.

미국 스포츠의학회(ACSM, American College of Sports Medicine)에서는 1일 30분 이상, 주 5회, 중강도의 유산소 및 근력운동을 시행하는 것을 권고한다.

따라서 주 5회 30분 이상 걷기를 하면 신체적, 정신적 기능을 향상시킬 뿐만 아니라 노화로 인한 각종 질병을 예방하거나 인지 기능 향상에도 도움을 받을 수 있다.

2020년 11월 23일 북미방사선학회(RSNA) 연례 총회에서 발표한 알츠하이머병을 예방하는 좋은 생활습관 중에 첫 번째가 걷기 운동이다. 평균 연령 78세의 노인 299명을 대상으로 한 연구 결과 일주일에 9~15km 걷는 노인들 중에 가장 많은 거리를 산책한 그룹은 가장 적게 산책한 그룹에 비해 두뇌에 문제가 생길 확률이 절반 이하였다.

SNS를 하면서 만난 활동적 장년 액티브시니어 중에 모든 길님이 있는데 이분은 대한민국에 유명한 길이란 길은 다 걷는 분이다. 오랜 세월 아픈 시부모님을 모시면서 본인도 나이 듦에 심한 우울증을 겪었다고 한다. 남편이 걷기를 제의해 몇 해 전 '산티아고 순례길'을 시작으로 걷기를 시작했는데 걸음으로서 우울증도 사라지고 건강한 모습으로 지낼 수 있어서 걷기를 적극 권장하는 분이다. 우울증 치료에는 걷기만큼 좋은 운동은 없다.

 운동을 하면 좋다고들 하는데 도대체 우리 몸에 어떤 이로움을 줄까?

 우선 운동은 심리적 안정감과 우울감을 해소시켜주므로 활력 있는 생활을 하는데 도움을 준다. 또한 생체 기능 강화로 건강수명을 연장해 준다. 건강수명이란 실제로 활동을 하며 건강하게 산 수명을 가리킨다.

 운동을 하면 할수록 인지능력이 향상됨을 느낄 뿐만 아니라 의료비용의 절감 효과를 가져와서 결국 병원에 가는 횟수가 줄어든다.

 시니어들에게는 예전보다 잘 부딪치고 잘 넘어지는 경우가 종종 생긴다. 관절이나 근골격계가 약해져 넘어질 때 부상당할 위험도를 낮추는 게 노인 운동의 목표다.

 걷기는 누구나 할 수 있고 어디서든 할 수 있으며 시간의 구애를 받지 않는다. 무엇보다 돈이 안 드는 운동이다. 단순한 운동이기 때문에 사람들은 운동 효과가 별로 없을 것이라고 생각한다. '누죽걸산'이란 말이 있다. 누우면 죽고 걸으면 산다는 단순한 말이지만 의미가 깊다.

나의 엄마는 60대 후반부터 무릎이 좋지 않아서 걷기 운동은 거의 하지 않았으며 골다공증을 갖고 있었다. 70대 후반에 넘어져서 고관절 수술을 받은 후에는 전혀 걷지를 못한다. 그래서 24시간 침상에 누워서 생활하시는데 삶의 질이 무척 떨어져 있다.

노화로 인해 일어나는 신체적 변화 중에 가장 두드러지는 것이 근 감소, 뼈와 관절의 약해짐이다. 건강이 더 약해지기 전에 우리는 걷기 운동을 함으로써 근력과 심폐 능력을 유지해야 한다.

또한 40대 이후 나이 들수록 나타나는 질환들을 성인병이라고 하는데 특히 고혈압, 당뇨병, 비만, 고지혈증, 동맥경화증, 협심증, 심근경색증, 뇌졸중, 퇴행성관절염, 악성 종양 등이 그것이다. 여기서 고혈압, 고지혈증, 당뇨병, 비만은 대표적인 생활습관병인데 본인이 자각증상을 느끼지 못하는 사이에 진행되며 어느 날 갑자기 심근경색이나 뇌졸중 등 생명과 관계되는 중대한 병을 일으킨다. 이 생활습관병은 운동 부족이 큰 원인이다. 운동을 하기 싫어하는 사람도 걷기는 쉽게 시작할 수 있다.

나 또한 걷기를 시작하면서 허리 통증이 사라지고 보는 사람마다 얼굴이 환해졌다고 하니 기분이 좋다. 걷기는 심장을 튼튼하게 해서 혈류에 흐름을 좋게 한다. 혈액순환이 잘되어 얼굴색이 좋아지지 않았나 싶다. 나이 들수록 이뻐지고 싶다면 걷는 것을 추천한다.

앞에서 애기했듯이 발이 걸려 넘어지기 쉬운 경우가 자주 있다면 이는 대요근에 움직임이 저하되었기 때문이다. 대요근은 골반과 허벅지 안쪽 뼈를 연결하는 근육으로 대요근이 약해지면 허벅지를 들어 올리는 동작이 잘 안 돼서 넘어지기 쉽다.

그런데 걷기를 하면 바로 이 대요근을 튼튼하게 만들 수 있다. 대요근을 단련하는 워킹은 엄지발가락으로 지면을 꾸욱 누르듯이 걸으며 무릎을 쭉 펴고 척추를 세워 보폭을 크게 해서 걷는 것이다.

워킹은 최고의 노화 방지다. 활동적 장년 액티브시니어는 걷기를 생활화해서 활동적이고 건강한 노후를 보내고 유지하기를 바란다.

걷기를 생활 습관화 하자

"모든 습관은 꾸준한 노력에 의해 굳어진다. 잘 걷는 습관을 기르기 위해서는 자주, 많이 걸어야 한다." 에픽테토스

내가 39살에 유방암을 앓았을 때 방사선 치료를 받기 위해 수원 아주대병원에 한 달 정도 다닌 적이 있었다. 그때 병원까지 데려다주던 택시 기사는 늘 걷기를 생활화했던 분이었다.

"전 비가 오나 눈이 오나 일 년 365일 중에 하루도 빠짐없이 등산을 합니다. 등산이라기보다는 그냥 걷기에 좋은 길을 걷는 거지요. 택시 일을 오래 하다 보니 늘 앉아 있는 시간이 길어서 건강에도 이상 징후가 나타나더라고요. 그래서 가까운 산은 어느 정도 잘 알고 있기에 차를 인근에 주차하고 약 한 시간 정도 걷습니다. 손님도 치료 다 끝나면 꼭 걷기를 일상화하세요. 처음부터 무리하지 말고 낮은 산부터 걸어보세요. 맑은 공기도 마시면서 여유 있게 사세요."

그 기사분은 대략 60대 초반이었던 것으로 기억이 나고 늘 웃음이 가득하며 상당히 건강해 보였다. 등산에 '등'자도

몰랐던 나는 한동안 동네 뒷산을 주 3회 다녔던 기억이 난다. 그러다 몸이 회복되니 다시 일상으로 복귀를 하면서 등산은 조금 멀리하기도 했는데 그 당시 그분의 애기를 따랐던 게 지금의 내 건강을 지키는 데 밑거름이 된 것 같아 이 글을 빌어 감사함을 전한다.

2010년 '프레이밍햄 연구'는 날마다 빠르게 걷기 운동을 하면 알츠하이머 등과 같은 치매 위험이 40% 감소한다고 했다. 피츠버그대학교 연구진도 규칙적으로 걷기 운동을 하는 노인들은 뇌 용적이 더 크고 인지 기능이 더 좋다는 것을 발견했다.

이렇듯이 걷기는 치매를 저 멀리 보낼 수 있는 탁월한 운동이다. 그래서 중장년 시니어들에게 자신 있게 추천할 수 있고 적극 권장하는 운동이다.

그러나 무슨 운동이든 계속 실천하기란 쉽지 않다. 걷기도 마찬가지다. 시작했지만 지속하지 못하고 도중에 그만두지 않기 위해서는 구체적인 목표를 가지는 것이 필요하다.

'매일 1시간을 걸을 거야.' 하는 것보다는 '공원을 일주일에 2~3번 걸어야지.'라든가, '버스를 타고 집에 오는 길에는 한 정거장 전에서 내려서 걸어야지.' 라는 실천하기 쉬운 목표를 세우는 것이 좋다. 한 달 단위로 평가를 해서 잘 실천했다면 자신에게 보상을 해 주는 것도 재미있는 일이다.

만보계나 휴대폰에 만보기 앱을 설치해서 오늘 하루 얼마만큼 걸었는지 체크해 보는 것도 추천한다. SNS 활동을 하면 블로그나 인스타에 얼마만큼 걸었는지 인증을 해서 기록을 하거나 아니면 탁상달력에 걷기일지를 가볍게 써도 좋다. 그날 목표를 달성하지 못했다면 저녁에 가볍게 산책을 하면 기분도 상쾌해질 것이다.

아는 동료는 하루에 만보 걷기를 하는데 걸은 영상을 매일 인스타 피드에 올린다. 응원 댓글을 보면 기운이 나서 더욱 열심히 한다.

또 어떤 이는 블로그에 걸은 기록을 폰 캡쳐를 해서 사진과 간단한 다짐을 적는데 이렇게 인증을 하면 꾸준히 할 수 있게 되고 다른 사람에게 동기부여도 될 수 있다.

무엇이든 무리를 하거나 크게 욕심을 내면 금방 지쳐버린다. 가볍게 즐겁게 꾸준히 할 수 있는 것으로는 걷기만큼 좋은 운동이 없다.

매일 같은 코스대로 걷는 것보다는 이 골목 저 골목으로 다녀보고 새로운 길로 걷는 것을 추천한다. 일상생활 속에서도 걸으려고 마음만 먹으면 어디든 다닐 수가 있다. 짐이 없다면 엘리베이터보다는 5층 아래는 걸어서 올라가고 버스로 한두 정거장 갈 수 있는 거리는 걸어서 다니는 것으로도 충분히 걷기 운동이 된다.

자신이 좋아하는 것, 관심 있는 것을 찾아서 걷는 것도 좋다. 산을 좋아하면 산을 찾아서 걷고, 꽃이나 나무 자연을 좋아하면 수목원을 검색해서 가까운 곳부터 찾아다녀도 좋다. 필자가 아는 분은 우리나라 천주교 성지를 기록해 놓고 시간 날 때마다 전국에 성지를 한 군데씩 찾아서 다닌다. 현지에서 도장 찍는 재미로 걷기를 한다고 한다.

또 한 분은 그림에 관심이 많아 젊었을 때는 사느라 바빠서 미술관 갈 시간도 없었다고 한다. 이제 시간의 여유가 좀 있으니 미술관 탐방하는 것을 계획 잡고 한 달에 두 번 정도는 미술관을 찾아 작품을 감상하거나 서점에 가서 미술과 관련된 책을 보는 것을 취미로 한다.

미술관이나 서점에 갈 때는 대중교통을 이용하고 천천히 산책도 하면서 걷는다. 문화생활도 함께하는 걷기는 인지 활동에도 참 좋다.

몇 년 전에 내가 사는 지역에 시니어 영화관이 개관하였다. 동네 시니어 몇 분은 옛 추억도 느끼면서 영화관까지

한 시간 정도 걸어서 영화를 보고 식사도 하고 차도 마시면서 올 때도 걸어서 온다.

자동차로 일주일에 한꺼번에 장을 보는 것보다는 걷기 운동한다고 생각하고 자주 가서 소량의 물건을 사고 걸어오는 것도 하나의 방법이다.

또는 아이쇼핑을 즐겨 하는 분들은 백화점이나 쇼핑몰을 걸으면서 눈도 즐겁고 다리도 건강하게 걷는 것도 좋지 않을까 싶다. 그곳 안에서는 천천히 걷지만 가고 올 때는 조금 속도를 내서 빨리 걷는 연습을 하면 더욱 운동의 효과를 볼 것이다.

걷기 운동을 본격적으로 시작하기에 앞서 주의할 점이 있다. 혹시 몸이 불편하거나 지병이 있는 사람이라면, 주치의와 상담하는 것이 좋다. 일주일에 몇 번 정도가 좋은지 시간대는 언제가 괜찮은지, 어느 정도의 강도로 걸어야 하는지를 미리 얘기해보면 더욱 안전하게 운동할 수 있다. 아무리 접근하기가 쉬운 운동이라 할지라도 내 몸의 상태에 따라 체크할 것은 하는 게 좋다.

규칙적인 운동은 전두엽(계획)과 대뇌변연계(본능과 기분) 그리고 기저핵(운동 제어와 습관 형성)을 연결하는 경로를 강화한다.

걷기는 인지 건강에 필수적이다. 치매와 알츠하이머를 예방하고 새로운 뇌세포를 자라나게 하는데 일등 공신이다. 앞에서도 강조했지만, 중장년 시니어들에게 꼭 필요한 걷기를 일상에서 생활 습관화하자. 그냥 웬만한 거리는 걷는 것이다. 걷는 것만이 건강하게 살 길이다.

신박하게 걷기 위한 7가지 방법

"걷지 않고 건강하길 바라는 건 말이 안 된다. 걷기야말로 건강을 지키는 가장 확실한 길이다." 다나카 나오키

무작정 걷기보다는 걷기에 대한 정보를 알고 걸으면 더욱 같은 시간 같은 거리를 걸어도 더 좋은 효과가 나올 것이다. 신박하게 걷기 위한 7가지 방법을 소개한다.

첫째, 많이 걷는 것보다는 바른 자세로 걸어야 한다.

중. 노년이 되면 등이 굽기 시작하여 몸을 움직이지 않으면 더욱 근감소증이 일어나 나이가 들수록 구부정한 자세로 변한다. 걷기를 할 때도 많이 걷는 것이 중요한 것이 아니라 바르게 걷는 것이 중요한데 먼저 바르게 서는 자세를 가져야 한다.

바르게 서는 자세는 정면을 보았을 때 귀 뒤에서부터 어깨를 지나 고관절, 그리고 무릎 발목뼈까지 일직선이 되도록 서는 것이다. 턱은 당기고 가슴은 펴고 등은 곧게 배는 안으로 집어넣고 배에 힘을 준다. 팔은 힘을 빼고 아래로 내린다.

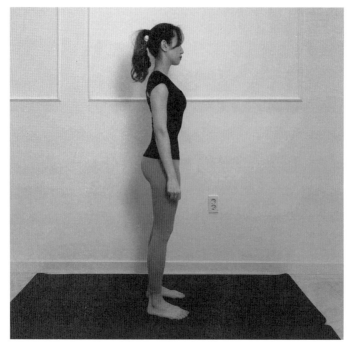

그림 7 바르게 서기

바르게 서는 자세가 되었으면 몸의 중심을 이동시켜서 걸으면 된다. 앞발은 뒤꿈치부터 붙이고 뒷발은 엄지발가락으로 확실하게 차내면 된다. 자연스럽게 보폭을 넓게 하려면 팔을 흔들고 걷는데, 뒤로 팔을 더 멀리 보내면 비정상적 보행이 바르게 된다. 보폭은 보통 자기 키에서 100cm를 뺀 정도가 적당하고 팔은 부자연스럽게 흔들지 말자.

둘째, 잘 걷기 위해서는 기본 체력 다지기를 해야 한다. 바닥에 앉았다 일어날 때 무언가를 잡고 일어나야 하는 상황이 생기지 않도록 다리운동을 해야 한다.

의식적으로 앉아 있는 시간을 줄이고, 다리를 움직이는 습관을 들이는데 예를 들자면 의자에서 일어설 때 책상이나 무릎에 손을 짚지 않고 온전히 다리 힘만으로 일어서도록 한다. 걷기를 할 때 보폭을 넓히기 위해서는 스트레칭을 자주 해야 한다.

의자 등받이에 양손을 짚고 몸을 고정한 후에 한 발을 뒤쪽으로 뻗는다. 양쪽 발바닥을 바닥에 붙인 채 앞발은 무릎을 구부리고 뒷발은 충분히 편다. 20초간 유지하고 발 위치를 바꾼다.

그림 8 스트레칭

평형감각 곧 균형감각을 단련시키기 위해 허벅지 높이 들고 걷기를 한다. 허벅지를 가능한 높이 당겨 올리고 발꿈치는 들고 발끝으로 좌우 5걸음씩 총 10걸음씩 천천히 걷는다. 제자리에서 해도 좋다.

셋째, 몸이 원하는 생체시계에 맞게 건강하게 걷자.

화창한 이른 아침에는 산책하듯이 걸으면 좋다. 몸에 자율신경이 제자리로 돌아오기까지 시간이 걸린다. 혈압이 높을 경우에는 오전보다는 오후에 걷기를 추천한다.

하루 중에서 운동하기 제일 좋은 시간대는 오후다. 빠른 걷기도 가능하기에 속보와 천천히 걷기를 반복하면 좋다. 1~2분 정도 빠르게 걷기를 하고 숨이 차면 2분 정도 천천히 걷기를 하는데 개인차에 따라 본인이 결정하면 된다. 밤에 하는 걷기는 몸의 체온이 오를 정도만 하면 된다. 숙면을 하는 데 도움이 된다.

넷째, 같이 걸을 수 있는 걷기 친구를 만들자.

주위에서 함께 걸을 수 있는 사람을 찾는 것이다. 부부, 친구, 이웃, 동아리 회원 등 마음에 맞는 사람이면 더욱 좋다. 혼자 걷는 것도 좋지만 함께 하면 더 오래 즐겁게 걸을 수 있다. 이런저런 삶의 얘기 등 이야기를 하면서 걸으면 시간이 금방 지나간다. 지역에 따라서는 걷기 동호회나 워킹 강습회를 여는 곳도 있는데 찾아보는 것을 추천한다.

다섯째, 체내 수분이 부족하지 않도록 수분 섭취를 잘하자.

성인의 체내수분량은 체중의 성인 남자는 평균 60%, 여자는 55%를 차지한다. 땀을 많이 흘리는 체질이라면 운동 중에 충분한 수면을 보충해 주어야 한다.

1) 걷기 30분 전에 1~2컵 분량의 수분을 섭취한다.

2) 걷기 중에는 20~30분마다 1컵 분량의 수분을 섭취하면 좋다.

3) 걷기가 끝난 뒤 1~2컵 분량의 수분을 섭취한다.

기온이 높을 때 강도 높은 걷기를 하면 탈수증이 오기 쉽다. 기온이 급속히 상승한 날에는 운동을 중지하거나 가볍게 하며 목 뒤, 겨드랑이 아래, 허벅지 안쪽 위 이 세 곳을 차게 하면 열사병을 예방하는 데 도움이 된다. 쿨 머플러를 사용하는 것도 좋다.

여섯째, 전두엽을 움직이면서 걷자.

걸으면서 인지 활동을 같이하면 새로운 뇌를 자극하여 치매 예방에도 좋다. 혼자 걸을 때 양손으로 가위바위보를 한다. 예를 들면 오른손이 이기는 경우로 정하면 팔을 앞으로 할 때 왼손에 가위바위보에 오른손이 이기는 가위바위보도 한다. 이것이 익숙해지면 지는 가위바위보도 해본다. 틀려도 상관없다. 맞고 틀리는 것이 중요한 것이 아니라 뇌를 자극하며 걷는 것이 목적이다.

또는 걸으면서 숫자 거꾸로 세기를 한다든가, 숫자를 세면서 3의 배수가 나오면 3,6,9……에 손뼉을 살짝 치면서 걸어도 좋다. 100에서 3씩 빼기를 하면서 걷는 등 여러 가지 방법으로 전두엽을 활성화시키면서 걸으면 머리에도 좋고 다리에도 좋은 운동법이 된다.

일곱째, 걷기 운동을 하다가 위험신호가 오면 바로 중지한다.

걷기 운동을 하는 연령대는 주로 중, 장년층, 시니어들이 많다. 그러므로 의외로 사고가 일어나기 쉽다. 걷기 중에 위험신호가 오면 생각할 것도 없이 바로 멈춘다.

다리에 쥐가 난다든지 관절이나 근육에 통증이 느껴지면 중지한다. 이명이 들리고 가슴이 벌렁벌렁 뛰며 숨이 차는 경우, 현기증이 나는 경우도 즉시 중지한다. 평소보다 목이 더 마르고 입이 바짝바짝 타는 듯한 느낌을 받으며 땀을 너무 많이 흘린 경우에도 걷기를 중지한다.

걷기를 할 때 신발도 중요하다. 앞이 뾰족하거나 폭이 너무 넓어서 발가락이 각자 놀면 부상 위험이 있다. 운동화인 경우는 앞 끝이 꽉 조이는 감이 없어야 하고 신발 끈을 조일 때는 발뒤꿈치를 세워 발끝에 체중을 실은 자세로 신발 끈을 묶는 것이 좋다.

오후에 걷기를 할 때는 강한 햇빛과 자외선으로부터 눈을 보호해야 하므로 모자나 선글라스를 끼고 눈을 보호한다.

자유롭게 걸을 수 있는 것만으로도 큰 축복이다. 나는 치매예방 강의를 하다가 침상에 누워만 있는 시니어를 많이 보았다. 아무리 가진 것이 많아도 내 다리로 걷지 못하면 삶의 질이 현격히 떨어진다. 걸을 수 있을 때 감사한 마음으로 부지런히 걷자. 건강할 때 걷는 것이다.

허리가 튼튼해야 액티브시니어

"허리 부분에는 척추 중 '요추'라 불리는 뼈 5개와 근육 밖에 없다. 그래서 허리를 지탱하는 배근, 복근, 둔근 같은 근육이 매우 중요하다. 이들 근육이 제대로 움직이지 못하거나 기능이 약화되면 요통을 일으키게 된다."

다나카 나오키 재활치료사

중장년층이나 시니어 세대들이 가장 많이 아파하는 부위 중의 하나가 허리 부분이다. 필자 역시 갱년기를 겪으면서 허리 통증으로 무척 고생 하다가 걷기 운동을 하면서 많이 좋아졌다.

일단 허리가 아프면 만사가 귀찮다. 머리를 감을 때도 허리가 끊어지는 것처럼 아프고 조금만 서 있어도 통증이 온다. 어떨 때는 누워만 있어도 아플 때가 있었다. 무엇을 하든지 간에 통증이 오니 짜증이 나며 덜컥 겁도 나면서 심신이 불안정해지고 우울해지기까지 했다.

허리는 우리 몸에서 중요한 부위 중에 하나다. 이 부분이 아프기 시작하면 전신이 아픈 것 같고 모든 일에 지장을 준다. 허리를 바로 세운다는 것은 나를 존중하는 것과 같다.

허리 통증의 원인은 여러 가지가 있다. 먼저 병원에 가서 검사 해 본 후에 별다른 문제점이 발견되지 않았다면 제일 흔한 것이 운동 부족으로 인한 통증이다.

이 말에 나는 깊이 공감을 한다. 극심한 허리 통증으로 병원을 찾았을 때 여러 가지 검사를 해보았지만 별다른 것은 발견하지 못했고 그저 노화로 인한 거라고만 말을 들었다. 그래서 운동할 것을 결심하고 걷기를 시작했는데 정말로 통증이 사라지기 시작했다.

사람은 '망각의 동물'이라고 했던가. 그러다가 또 걷기를 안 하면 다시 허리 통증이 온다. 운동 부족으로 허리가 아플 수도 있다는 말은 맞는 말이다.

결국은 사용하지 않는 근육은 점점 약해지기에 일상생활 중에 나쁜 자세로 서거나 걸으면 복근, 배근, 둔근이 제 역할을 못해 통증을 유발한다.

나이 들수록 허리는 튼튼해야 한다. 특별한 치료를 받을 상황이 아니면 평소에 허리 주변의 근육을 단련시키는 트레이닝을 추천한다.[7]

---

7) 여기서 소개한 트레이닝은 직접 해보고 효과가 있어서 소개한 것일 뿐 독자들은 꼭 전문의와 상의를 해볼 것을 추천한다.

먼저 대둔근(엉덩이 근육)을 강화하는 훈련이다.

① 먼저 위를 향해 바로 눕는다.

② 한 발은 발바닥이 아래로 하게 하고 접고 다른 발은 무릎을 펴서 똑바로 올린 상태로 엉덩이를 들어 3초간 유지한다.

③ 발을 바꿔서 3회 정도 하는데 엉덩이를 들어 올릴 때는 엉덩이 주변 근육의 힘으로만 들어 올린다.

그림 9 대둔근(엉덩이 근육) 강화 훈련

엉덩이 근육을 단련하는 또 다른 방법은

① 편하게 엎드려 두 손을 이마 앞에 포개고 두 다리는 어깨너비로 벌린다.

② 양쪽 다리를 접고 양 발뒤꿈치를 모은다.

③ 엉덩이에 힘을 주어 무릎과 허벅지를 바닥에서 들어 올린다.

④ 이때 허벅지 전체가 바닥에서 떨어지도록 한다.

⑤ 이 자세를 5~10초 동안 유지하는 동작을 여러 번 반복한다. 양 발뒤꿈치가 떨어지지 않도록 동작을 해야 엉덩이 근육을 고루 사용할 수 있다. (이미 허리 통증이 있다면 ②까지만 한다.)

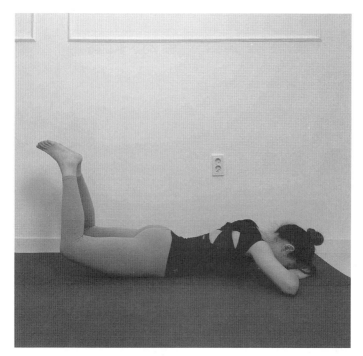

그림 10 엉덩이 근육 단련

복근을 강화하는 훈련

① 위를 향해 누운 다음 양 무릎을 굽히고 양손을 다리 위에 놓는다.

② 상체를 일으킬 수 있는 만큼 천천히 일으킨다. 상체는 완전히 일으킬 필요는 없다. '까딱'하는 수준으로 상체가 살짝 일어나는 수준인데도 복근에는 힘이 가는 것을 느낄 수 있다.

그림 11 복근 강화 훈련

마지막으로 척주기립근 강화 훈련

① 엎드려서 팔꿈치가 바닥에 닿도록 접는다.

② 배꼽에서 골반 정도까지 방석이나 낮은 베개를 깔고

③ 손바닥으로 바닥을 누르면서 천천히 상체를 밀어 올린다.

④ 이 동작을 3~5회 반복하고 익숙해지면 점차 횟수를 늘리는데 방석은 빼지 말 것.

그림 12 척추 기립근 강화 훈련

허리 강화를 위한 걷기 운동을 할 때는 제일 먼저 자세를 바르게 해야 한다. 통증이 있는데 빨리 걷는 것은 좋지 않다. 허리와 등을 꼿꼿하게 펴고 시선은 앞을 보고 일자로 서서 느긋하게 30분 이상 걷는다. 배를 집어넣고 힘을 주고 걷는다. 전신의 혈액순환이 좋아지면서 통증이 점점 사라진다.

컴퓨터 앞에 앉아 있는 시간이 점점 많아지다 보니 허리 통증이 시작되는 것 같다. 요통은 이렇게 오래 앉아 있는 사람이나 오래 서 있는 사람에게 더 많이 발생한다.

한 자세로 오래 있는 것은 통증을 유발한다. 한 시간 정도 같은 자세로 있다면 다르게 자세를 취해보도록 하자. 특히 요통이 있을 때 무릎을 꿇고 앉는 자세는 피해야 한다.

나의 옆 동지는 한쪽 어깨가 내려가 있다. 무거운 것을 어깨에 들 때가 많다 보니 균형을 잃은 것이다. 그래서 허리의 통증을 호소할 때가 많았다. 허리가 아파 병원에 갔을 땐 자세의 불안정에서 오는 요통이라고 했다.

오랜 세월동안 만들어진 것이기에 바로잡기가 여간 쉽지는 않았다. 다행히도 지금은 재활치료에 근력 강화운동으로 많이 회복되었지만 늘 의식적으로 어깨를 수평이 되도록 신경을 써야 하는 부분은 있다. 허리 통증으로 많은 고생을 하다 보니 그 중요함은 누구보다 잘 알고 있다.

척추뼈가 서로 연결되어 기둥처럼 이어진 것이 '척주'이며 척주를 이루고 있는 뼈를 '척추'라고 한다. 척추가 무너지면 자세와 모든 기관이 흐트러진다.

동물은 척추가 있지만, 바로 서서 걸을 수 있는 건 오로지 인간뿐이다. 그래서 인간은 대단한 존재이며 걸을 수 있다는 것에 무한 감사를 드린다.

몸이 노화가 되면서 자꾸 편해지려고만 하면 우리 몸의 관절과 근육은 점점 허약해진다. 액티브시니어는 허리가 튼튼해야 한다. 중심을 잘 잡고서야 하고 싶은 것 하면서 건강하게 삶을 살 수 있다. 내 허리가 튼튼해야 가정도 사회도 나라도 튼튼해진다. 몸의 중심이 바로설 때 나의 일도 감당할 수 있다.

튼튼한 하체는 체력의 근원

"허벅지 근육이 부실하면 벅찬 인생도 물 건너간다. 행복은 허리둘레에 반비례하고 허벅지 두께에 정비례한다. 허리둘레를 줄여야 허망한 인생을 살아가지 않으며, 허벅지가 두꺼워져야 벅찬 인생이 펼쳐진다." 유영만<몸에 투자하라>

나는 짧은 스커트를 입거나 바지를 입으면 다리가 날씬하지 않아서 늘 불만이었다. 옷을 한 벌 살 때도 상의보다 하의를 한 치수 올려서 사야 하고 옷을 입어도 원하는 맵시가 나지 않아서 속상했다. 그럴 때마다 엄마는 늘 얘기하셨다.
"허벅지가 튼실해야 건강한 거야. 지금은 불만일 수 있지만 나이 들어봐. 고마워할걸."
그때는 이해를 못 했다. 그런데 정말 한 살 두 살 나이 먹어보니 그 말의 의미를 알게 되었고 정말 다리가 튼튼한 것이 얼마나 감사한 일인지 하루하루 느낀다.

튼튼한 하체하면 전 골프선수 박세리 선수가 생각난다. 1998년 U.S 여자 오픈 당시 물에 빠지기 일보 직전의 공을 치기 위해 맨발로 연못에 들어가 샷을 날리던 그녀. 그녀의 허벅지는 그야말로 꿀벅지이다. 고된 훈련과 땀과 눈물로 만들어진 그 튼튼한 허벅지로 1997년 외환 위기라는 국가적 재난 속에서 국민들에게 희망을 심어주었다. 그 방송을 보고는 그 다음부터 나의 두꺼운 허벅지에 대한 불만이 사라졌다.

내가 다니는 성당에 70대 후반의 요셉피나 형님이 계시는데 이분은 다리가 튼튼하다. 늘 걷기 운동을 꾸준히 하고 코로나19가 오기 전까지는 미국, 스페인, 이탈리아 성지 순례 등 해외·국내 할 것 없이 부지런히 다녔다. 해외 장거리 성지순례 같은 경우는 젊은 사람들도 힘들어한다. 그런데 그 힘든 여정을 무리 없이 해내는 것을 보고는 요셉피나 형님과 동행했던 사람들도 적잖이 놀랐다. 평소에 얼마나 많이 하체운동을 했는지 여실히 보여주는 모범사례였다.

우리 몸의 가장 큰 근육인 허벅지 근육을 단련하면 근력이 향상되고 지방을 태우는 튼튼한 체질이 된다. 심폐 기능이 좋아지며 지구력 향상에도 도움이 되는 근육 운동법 중에 하나인 스쿼트(squat)를 소개한다.

① 양발을 어깨너비로 벌린다.

② 양팔을 어깨 높이에서 앞으로 뻗어 몸의 균형을 잡는다.

③ 무게중심을 엉덩이 쪽으로 가게 하는데 엉덩이를 쭈욱 뺀다고 생각하면 된다. 허벅지가 바닥과 수평이 될 때까지

무릎을 굽힌다.

④ 앉을 때 가슴은 펴고 목은 살짝 숙이는 상태로 한다.

⑤ 일어날 때 무릎은 95% 정도만 펴고 동작을 10회 반복한다.

⑥ 2~3세트 실시한다.

그림 13 스쿼트 1

스쿼트는 등과 허리, 팔을 모두 쓰는 전신 운동이다. 혈액 순환을 개선해 주며 식후에, 걷기 전 실시하면 더욱 좋다.

팔을 올리는 동작을 통해 허리가 펴지지 않거나 목이 앞으로 튀어나와 있는 등 이상 상태를 체크할 수 있는 약간 변형된 스쿼트(squart)동작을 소개한다.

"복부와 척추기립근, 승모근, 허벅지 및 둔근 등 엉덩이 근육을 복합적으로 사용하므로 정확한 자세로 운동할 경우 체형교정의 효과를 얻을 수 있다." 김수연 체형 교정 전문 의사

① 매트리스 넓이(약 60cm) 정도로 발을 벌리고 똑바로 선다. 발의 앞부분이 정면을 향하는 게 아니라 양 대각선으로 향하도록 45도 각도를 만들어 준다.

② 만세 동작으로 팔을 위쪽을 향하고 손바닥은 서로 마주보독 하여 쭉 편다.

③ 척추를 곧게 편 상태로 스쿼트 동작을 한다.

④ 시선과 고개는 정면을 보고 호흡은 엉덩이가 내려갈 때 들이마시고, 올라갈 때 '후'하고 내뱉는다.

⑤ 5회 반복한다. 마지막 5회째 동작에서는 바로 올라오지 않고 허벅지에 힘을 주어 엉덩이를 들썩인다는 느낌으로 다섯 번 펌핑 동작을 한다.

⑥ 한 세트가 끝나면 1분 정도 휴식 시간을 갖고 5세트 반복한다.

그림 14 스쿼트2

다음은 내가 자주 하는 스트레칭 중에 하나인데 간단하지만 꽤 효과가 있다. 허벅지 앞과 뒤, 종아리가 붓거나 유연성이 부족해서 뻐근할 때 하면 부드러워진다. 중심을 잡기 위해서 의자를 잡고 하면 안전하다.

① 바르게 선다.

② 한 손은 의자나 버팀목을 잡고 한 다리를 접고 접힌 발을 손으로 잡는다. 버팀목 없이 균형을 잡을 수 있으면 잡지 않은 다른 팔은 앞으로 뻗는다.

③ 10초 정도 하고 다리를 바꾼다.

④ 2~3세트 실시한다.

그림 15 허벅지 스트레칭

치매 예방 강사 활동을 하면서 부모님들이 누워 계시는 요양병원, 요양원을 많이 다녔다. 갈 때마다 두 다리로 건강하게 걸을 수 있다는 게 얼마나 감사하고 큰 축복인지 절실히 느꼈다.

세월이 흐르면서 오는 노화는 우리가 막을 수가 없다. 그래서 노화는 받아들일 수밖에 없지만 속도는 늦출 수 있다. 속도를 늦추는 것이 나, 가족, 나라가 건강하게 액티브하게 사는 비결이다.

위에서 소개한 하체를 튼튼하게 하는 운동법은 특히 중장년, 시니어에게 필요한 운동이다. 처음 시작할 때는 힘겹고 피곤할 수 있지만 계속 반복하면 하체가 건강해진다.

앉았다 일어나는 것도 더욱 가벼워지고 동작이 빨라지며 순발력이 생긴다. 독자들도 꼭 실천해 보기를 권한다. 그래서 건강한 하체로 다가오는 새로운 삶을 열심히 살아보자.

넘어지지 않는 예방 운동법

"우리는 항상 눈뜨고 평평한 곳에서 살기 때문에 운동할 때 안전이 확보되었다면 눈 감고, 무른 지면에서 간단한 운동을 하는 것도 추천한다." 이화여자대학교 이경옥 교수

운동 신경이 그리 좋지 않은 나는 젊었을 때도 잘 부딪치고 잘 넘어졌다. 50이 넘다 보니 넘어지는 게 은근히 두려워지기 시작했다. 뼈가 약해지는 나이가 되었기에 잘못 넘어지면 그만큼 부상 정도가 크기 때문이다.

TV조선에서 '엄마의 봄날'이라는 프로를 본 적이 있다. 평생 힘들게 일만 하다가 허리가 굽어져서 꼬부랑 할머니가 된 시니어들을 치료해 주는 프로인데 볼 때마다 누워있는 엄마가 생각이 나서 눈물이 났다.

엄마는 지금 24시간 누워서 지내신다. 젊어선 힘든 일을 많이 했고 50살이 넘어선 무릎이 좋지 않아 병원에도 자주 다니셨다. 운동보다는 늘 쭈그려 앉아서 일하다 보니 하체가 부실할 수밖에 없었다. 그러다 점점 노화가 진행되면서 골다공증 약까지 드시더니 한번 넘어져 엉덩이 고관절 수술을 받으시고 침상에 누워만 계신다.

고관절을 다치면 혼자서 걸을 수 없으니 모든 것을 남의 손을 빌어야 하는 돌봄 대상이 되어버린다. 한 번 넘어져 삶의 질이 180도 바뀐 것이다.

친정아버지도 80대 초반에 넘어져 고관절 수술을 받으시고는 누워만 계시다가 폐렴으로 3개월 만에 하늘나라에 가셨다. 요양병원에 누워 계시는 분들 중에는 넘어져서 오는 분들이 상당히 많다.

노화로 인해 약해진 관절은 우리 삶에 좋지 않은 영향을 준다. 약해지는 것은 어쩔 수 없지만 방지하기 위해서는 균형 잡힌 식사와 꾸준한 운동 그리고 일상생활에서 할 수 있는 예방운동을 해야 한다.

유아사 가게모토(내 몸에 맞는 걷기 치료)는 걷기 운동을 할 때도 넘어지는 경우가 있는데 이를 방지하기 위해서는 '전속력으로' '짧은 시간 동안' 걷는 훈련을 해야 한다고 말한다.

① 최대한 빨리 전속력으로 5~10초 동안 걷는다.

② 일상생활 속에서 횡단보도를 건널 때 느긋하게 걷기보다는 최대한 빠른 걸음으로 걷는다.

이렇게 평상시 습관을 들이면 도움이 된다. 넘어짐 예방운동에서 중요한 부분이 신체 내의 전정계의 역할이다. 전정계는 머리를 돌리고 위로 올리고 내리고 할 때 관여하는 기관이다. 걸어가면서 고개를 돌리는 행동은 단순한 것 같지만 나이가 들면서 점점 어려워진다.

고령이 되면 걸어가다가 누가 부르면 '멈춰서' 몸을 돌리게 되는데 이런 경우가 전정계가 노화가 되면서 생기는 현상이다. 전정계는 시각계가 차단되거나, 나도 움직이고, 주변 환경도 움직이는 상태에서 머리와 몸체의 움직임을 공간 내에서 인식하는 유일한 감각기관이다.

예를 들어 정전이 되어 화장실을 갈 때 촛대에 꽂혀있는 초를 들고 간다고 하자. 가다가 발에 무언가 걸려 넘어지려고 할 때 순간적으로 눈이 안 보이는 상태에서 초를 재빨리 잡는 경우가 있는데 이것이 전정계의 역할이다. 시각보다 빠르게 움직이는 기관이다.

일상생활 속에서 실천 가능한 전정계 운동으로 '머리 돌리며 걷기'가 있다.

① 누워서, 앉아서 머리 돌리기
② 서서 머리 돌리기
③ 제자리 걸으면서 방향 바꾸기
④ 제자리 걸으면서 고개 돌리기
⑤ 방향을 바꾸면서 고개 돌리기
⑥ 방향을 바꾸면서 시각 고정하기

"걸을 때 직선코스로만 걷지 말고 회전을 하면서 좌로도 걷고 우로도 걸어라. 흔들의자에 앉아서 눈을 뜨거나, 감는 것으로도 전정계 운동이 된다. 나와 환경이 같이 움직이는 짐볼이나 에어로 매트, 보수, 물속에서의 움직임도 도움이 되는데 특히 회전하면서 운동할 수 있는 댄스스포츠, 수영, 자전거 타기, 배드민턴 등은 전정계를 활동하게 하는 스포츠이다." 이화여자대학교 교수 이경옥

넘어지지 않는 예방 운동법으로 발목 강화 운동도 중요하다.

① 평지에서 뒤꿈치 들기를 하는데, 양발 들기, 한발 들기를 한다. 일상생활에서 신호등 기다릴 때, 대중교통을 기다릴 때, 설거지할 때 등 수시로 하면 좋다.

② 벽돌이나 계단, 아니면 두꺼운 책 위에서 뒤꿈치 들기나 뒤꿈치를 평지보다 낮게 내린다.

흔히 '까치발 들기 운동'이라고 하는데 발가락 끝에 힘을 주어 평형감각을 유지하는 운동이다. 발가락 사이가 벌어지고 펴져 있는 상태가 되어야만 무게중심이 잘 잡힌다. 이렇게 운동을 해도 넘어지는 경우가 생긴다.

넘어진 후 부상최소화를 위해 바닥에서 일어서기도 중요

하므로 이 또한 연습이 필요하다.

첫째, 가장 쉬운 과정이다.
반듯이 눕거나 엎드린 상태에서 옆으로 눕고, 옆으로 앉은 다음, 손을 사용해서 바닥에 무릎을 꿇고, 기어서 외부 지지를 잡고 몸을 일으켜 선다.
둘째, 다소 어려운 과정으로 상체의 힘을 강조한다.
반듯이 드러눕거나 엎드린 상태에서 옆으로 눕고, 옆으로 앉은 다음, 손을 사용해서 무릎을 꿇고, 손을 사용해서 걸으며 선다.
셋째, 좀 더 어려운 과정으로 하체의 힘을 강조한다.
반듯이 드러눕거나 엎드린 상태에서 옆으로 눕고, 옆으로 앉은 다음, 한쪽 무릎을 꿇고 선다.
넷째, 가장 어려운 과정으로 반듯이 드러눕거나 엎드린 상태에서 대칭으로 앉고, 웅크린 다음, 다리에 의지해 선다.

그림 16 넘어진 후 다리에 의지해 서기

아침에 눈을 뜨면 바로 일어나지 말고 좌로, 우로 구르기 연습을 하는 것도 좋고, '비타민 D' 섭취는 균형능력이 증진되어 넘어짐 위험률을 감소시킬 수 있다.

아는 것이 힘이다. 넘어지지 않는 예방 운동도 중장년, 시니어에게는 필요하기에 생소하지만 따라서 해 보기를 바란다.

근력운동으로 건강 100세 도전

"근력운동은 젊은이들이 보기 좋은 몸을 만들기 위해 하는 것이란 인식이 강하지만 나이가 들수록 근력운동은 더 중요하다." 딘 세르자이 & 아예사 세르자이

미국 노인병 학회 연구에 의하면 경도인지장애가 있는 노인들을 6개월 동안 일주일에 2~3회의 근력운동을 실시한 결과 참가자 중 47%가 인지력 테스트에서 정상 점수를 받았다고 했다. 특히 다리 근력을 강화하면 인지력 개선에 큰 효과가 있었고 18개월간 지속되었다.

우리 몸 전체에는 관절을 움직이는 골격근, 흔히 말하는 근육이 400개가 있다. 남성은 체중의 약 2분의 1이 근육이고, 여성은 체중의 약 3분의 1이 근육이며 뼈의 무게는 체중의 약 5분의 1이다. 남성과 여성의 근육의 수는 같으며 굵기가 남자가 더 두껍다.

중장년, 시니어는 젊은 시절에 비해 체력과 운동 기능이 떨어진다. 인정하고 싶지 않겠지만 스스로도 느낀다. 그러니 꾸준하게 근력운동을 시작해 보자.

마음만 앞서서 한꺼번에 무리하게 하지 말고 매일 조금씩 하거나 이틀에 한 번씩 똑같은 동작으로 반복하는 것이 효

과가 있다.

같은 동작을 반복해서 하는 것은 노화로 인한 운동신경 저하를 막아준다. 꾸준히 하게 하면 기초대사율이 높아진다. 기초대사율은 가만히 있어도 몸 스스로 소비되는 에너지이다. 잠을 자거나 가만히 앉아서 숨을 쉴 때 TV를 볼 때 에너지가 쓰인다.

또 근력운동을 하기 전에는 무엇보다 스트레칭이 중요하다. 본격적인 걷기 운동 전후에도 스트레칭을 하면 부상 위험이 적은데 근력운동 역시 스트레칭을 하면 근육을 시원하게 하고 부드럽은 혈액순환을 원활하게 하고 근력운동 후 근육통 개선에도 도움이 된다. 빠르게 하는 것보다는 천천히 하는 것이 좋다. 집에서 할 수 있는 간편한 근력운동을 소개한다. Walk to be a hundred 중에서

먼저 근력운동 전후 스트레칭을 하는 것이다. 똑바로 누워서 손발을 쭉 뻗는다. 밀가루 반죽한 것을 늘리듯이 팔은 위로 다리는 아래를 향해 늘린다.

그림 17 근력 전 후 스트레칭

   두 번째로 대둔근(엉덩이 근육)을 강화하는 훈련이다. 이 훈련법은 앞에서도 소개한 운동법으로 다음과 같이 하면 효과적이다.

   ① 먼저 위를 향해 바로 눕는다.

   ② 한 발은 발바닥이 아래로 가게하고 접고 다른 발은 무릎을 펴서 똑바로 올린 상태로 엉덩이를 들어 3초간 유지한다.

   ③ 발을 바꿔서 3회 정도 하는데 엉덩이를 들어 올릴 때는 엉덩이 주변 근육의 힘으로만 들어 올리면 된다.

그림 18 대둔근(엉덩이 근육) 강화 운동

세 번째로는 가슴근육인 대흉근을 강화하는 운동법이다.
나이가 들면서 등이 굽거나 어깨 결림으로 고생하는 사람들
이 종종 있다. 이를 방지하기 운동법이다.

① 바르게 선 자세에서 등을 편다.

② 가슴 앞에서 손바닥을 펴고 편안하게 합장을 하는 자
세를 취한다. 시선은 앞을 본다.

③ 10초간 유지하고 3회 반복한다.

그림 19 대흉근(가슴 근육) 강화운동

네 번째로는 장딴지 안쪽에 있는 근육을 강화하는 운동이다.

① 바르게 선 자세에서 벽에 양손을 붙인다.

② 발뒤꿈치를 들어 올렸다 내렸다 하면서 마치 팔굽혀펴기를 하는 것처럼 한다.

③ 장딴지에 힘을 주면서 한다.

④ 5~10회 정도 한다.

그림 20 장딴지 근육 강화운동

다섯 번째로는 허벅지 뒷부분을 강화하는 운동이다. 이 부분은 달리기에서 많이 사용하는 근육으로 걷기 능력을 지속하기 위해서 꼭 필요하다.

① 바르게 서서 한 다리를 뒤로 50cm 정도 들어 올린다. 보통 침대 아랫부분 높이다.

② 5~10초간 유지하고 동작을 3~5회 반복한다.

그림 21 허벅지 뒷부분 강화 운동

중장년 또는 시니어에게는 젊었을 때의 탄탄한 몸보다는 활력 있게 생동감 있게 삶을 유지할 수 있는 건강한 몸을 원한다. 움직임이 불안정하고 넘어질 뻔한 일이 자주 발생했다면 더더욱 근력운동을 해야 한다.

나는 손발이 찬 편이다. 찬 바람이 불 때면 손발이 알아서 차가워져서 손에는 장갑을 발에는 수면양말을 신고 자야 하는 아주 심한 냉증을 앓았다. 혈액순환이 잘 안되니 가끔 자다가 다리에 쥐가 나서 깬 적도 있다. 그러다 걷기를 시작했고 다리 근육을 단련하는 여러 가지 근력운동을 했다. 걷기를 통해서 허리 통증을 치료받았는데 근력운동으로 냉증도 많이 좋아졌으니 운동할 수 있어서 참으로 감사하다.

위에 소개한 근력운동은 참으로 간단하고 쉽게 따라 할 수 있는 트레이닝이다. 일상생활 속에서 너도나도 할 수 있는 운동이므로 독자들도 꾸준히 했으면 좋겠다.

철학자 니체는 말했다.

"일상의 행동, 삶의 방식이 나를 만들고 끊임없이 개조한다. 마음과 인간성뿐만 아니라 육체마저도 변화시킨다."

근육은 저축이 안 된다. 수시로 만들지 않으면 소멸해 버린다. 근력을 만들기는 설렁설렁해서는 안 된다. 땀을 흘려야 하고 약간의 고통이 따른다.

하루에 10~15분 정도 근력운동으로 내 몸에 투자하자. TV를 보면서 해도 좋고 음악을 들으면서 해도 좋다. 편한 시간에 맞추어서 꾸준히 하면 어느덧 나에겐 근력이 친구가 되어 반겨줄 것이다.

아직도 우리는 살아온 세월에서 평균적으로 몇 십 년은 더 살아야 한다. 세상에서 제일 비싼 침대가 요양병원 침대라고 하는 웃지 못할 말도 있다. 그 비싼 침대를 우리는 사절하자. 두 다리로 건강하게 버티면서 가고 싶은 곳, 하고 싶은 것 하면서 즐겁게 살아보자. 활동적 장년 액티브시니어를 준비하는 사람들이라면 더더욱 건강을 지키자.

시니어스포츠 개인운동과 단체운동

70세에 새로운 것을 시작하면 80세까지 하기 어렵지만 60세에 새로운 것을 시작하면 90세까지 할 수 있다는 말이 있다.

2019년 통계청 자료에 의하면 우리나라 평균수명은 83.3세 (남성 80.3세 여성 86.3세)였다. 평균수명 100세 시대가 곧 다가올 것이다.

우리나라에서 중장년이라고 하면 일반적으로 대략 40대부터 65세 전까지 나이의 사람들을 말한다. 예전 같으면 현역에서 은퇴할 나이지만 고령사회가 되어버린 요즘에는 100세 시대의 인구의 허리 역할을 한다. 그 역할을 감당하기 위해서는 무엇보다 건강해야 하며 건강하기 위해서는 운동을 즐겨야 한다.

전문의들은 40대 중후반, 늦어도 50대 초반부터는 운동 습관을 길러야 한다고 한다. 40~50대 남성은 체력 유지와 근, 골격계 기능 향상을 위한 운동과 스트레칭으로 여성은 골다공증, 퇴행성 질환을 막는 것이 중요하다.

이런 부분들을 감안할 때 우리가 즐길 수 있는 스포츠는 어떤 것이 있는지 개인 운동과 단체운동으로 몇 가지 소개를 하고자 한다.

첫째, 개인 운동으로는

① 걷기 운동이다.[8) 이것은 가장 안전한 유산소 운동이다. 누구에게나 무리 없는 운동이긴 하지만 무릎 관절염이 있는 분들에게는 부적절하다.

② 노르딕 걷기 운동

양손에 폴(스틱)을 잡고 걷는 운동을 말한다. 전방 10~15m에 시선을 고정하고 내디딘 발의 반대쪽 폴을 땅에 자연스럽게 내리찍으며 밀며 걷는 운동이다. 일반적인 걷기 운동보다 운동 효과가 높다. 폴을 잡고 걷는 역동적인 손동작과 발동작에 의해 혈류가 심장으로 보내는 펌핑작용으로 심장이 튼튼해지는 효과가 있다.

③ 수중 걷기 운동

물의 저항과 부력을 이용하는 운동이며 무릎 관절염이 있는 분이나 심하지 않은 골다공증, 관절염을 지닌 환자나 노화로 인해 근골격이 약해진 시니어에게 적합하다.

④ 아쿠아로빅

물(aqua)과 에어로빅(aerobic)에 합성어로 물속에서 하는 체조다. 물속에서 움직이는 팔다리에 느껴지는 저항은 운동 부하를 가져다주는데 통증과 관절 경직감소, 근력강화, 심폐기능 향상에 도움을 준다.

---

8) 자세한 사항은 2장을 참고하기 바란다.

⑤ 실버 요가

요가의 신체적 수련의 난이도를 낮추어 시니어에게 맞도록 조정한 운동이다. 쉽게 요가 동작을 따라 할 수 있어 유연성을 높이는데 적절한 운동이다. 기본자세 중에 고양이 자세는 허리 통증 완화에도 도움을 주어 자주 사용하는 편이다.

⑥ 고무밴드 운동

일명 세라밴드라고도 한다. 고무밴드를 이용하여 유연성과 올바른 균형 자세를 향상시키는 운동이다. 특히 어깨와 등 스트레칭에 좋으며 사용이 편하고 가격대 또한 저렴하다. 고무밴드의 강도에 따라 색깔로 구별되어 있으므로 개인에 맞게 선택해서 바른 자세로 운동하면 좋다.

⑦ 시니어로빅

시니어(Senior)와 에어로빅(aerobic)의 합성어로, 시니어의 신체에 맞게 재구성된 운동이다. 경쾌한 음악과 함께 신체를 활발하게 움직임으로써 스트레스를 해소하고 심폐기능과 체력을 향상시키는 운동이다. 비슷한 운동으로는 줌바댄스가 있다.

둘째, 단체 운동으로는
① 노인 댄스스포츠

사교댄스에서 유래되었다. 많은 운동량과 고도의 기술 중심이 아닌, 운동 효과와 흥미에 중점을 둔 운동이다. 왈츠, 탱고, 비엔나 왈츠 등의 모던댄스와 룸바, 차차차, 삼바 등의 라틴댄스로 나뉜다. 근육을 적절하게 단련시키고 뼈세포의 생성을 활발하게 하여 골다공증 예방에 적합하므로 대표적인 시니어 운동이다.

② 게이트볼

1970년대 중반 일본에서 개발되었으며 긴 망치 모양의 스틱과 당구공 크기의 공을 쳐서 게이트를 통과시키는 경기로 고가의 장비나 넓은 장소가 따로 필요하지 않고, 경기방식도 쉽고 육체적으로 무리가 없어 시니어에게 추천하는 단체운동이다.

③ 라지볼 탁구

1988년 일본에서 시력이 좋지 않은 노인을 위해 개발했으며 노란색 직경(44mm)인 더 크고 가벼운 공을 사용한다. 날씨에 무관한 실내 운동이며 전신운동으로 탁월한 운동 효과가 있다.

이 밖에도 노인스포츠 종목에는 검도, 게이트볼, 골프, 복싱, 농구, 당구, 라켓볼, 럭비, 레슬링, 레크리에이션, 리듬체조, 배구, 배드민턴, 보디빌딩, 볼링, 빙상, 자전거, 등산, 세팍타크로, 수상스키, 수영, 스킨스쿠버, 스쿼시, 스키, 승마,

씨름, 야구, 에어로빅, 오리엔티어링, 요트, 우슈, 윈드서핑, 유도, 인라인스케이트, 정구, 조정, 축구, 카누, 탁구, 태권도, 테니스, 행글라이딩, 궁도, 댄스스포츠, 사격, 아이스하키, 육상, 족구, 철인 3종, 패러글라이딩, 하키, 핸드볼, 풋살, 파크골프, 그라운드 골프 등이 있다.

참으로 많은 종목이 있다. 내가 노인스포츠 지도사 공부를 하면서 느낀 것은 종목은 많은데 쉽게 접근할 수 있는 스포츠는 그리 많지 않았던 것이 현실적으로 아쉬웠다.

앞으로 50+ 인생을 살아야 하는 우리에겐 나의 건강, 나의 미래를 위해 스포츠를 즐기고자 하는 의식 전환도 요구된다. 나아가 60세 이상의 시니어도 진지한 스포츠가 필요하다. 대회 참여도 가능하며 승리도 하나의 목표가 될 수 있는, 무엇보다 전문 코치의 지도도 필요로 하는 그런 스포츠 말이다.

스포츠는 최고의 복지다. 앞으로 많은 것들이 변화되고 많이 참여할 수 있는 대중화된 스포츠가 많아졌으면 하는 바람이다.

PART 4

디지털과 친구하자

19세기에 콜레라가 도시 문명을 재탄생시킨 것처럼,
21세기에 발생한 코로나19는 완전한 디지털 문명을
열어 갈 것이다.

왜 디지털인가?

"19세기에 콜레라가 도시 문명을 재탄생시킨 것처럼, 21세기에 발생한 코로나19는 완전한 디지털 문명을 열어 갈 것이다." 이승민 박사 ETRI 경제사회 연구실

20여 년 넘게 수학강사 생활을 해오던 중 나는 사고로 눈을 다쳐 강사 일을 접게 되었다. 그리고 새롭게 시작한 사회복지사 공부를 계기로 치매예방강사가 되고 날갯짓을 펴려고 하는 순간 코로나19가 닥쳤다.

코로나19의 충격은 전 세계를 휩쓸었고 많은 것을 순식간에 바꾸어 놓았다. 나 역시 그 소용돌이 속에 아무런 준비 없이 속수무책 빠져 버렸고 강의는 할 수가 없었다. 그야말로 밥줄이 끊어진 상태였고 절박했다.

무엇을 어떻게 해야 이 난국을 헤쳐 나갈지 고민 중에 디지털 대학 MKYU를 알게 되었다. 짧은 시간에 열심히 디지털 공부를 했고 용기 내서 SNS를 시작했다.

디지털 공부를 하기 전 나는 SNS를 하면 큰일 나는 줄 알았고 그나마 한다는 것은 카톡으로 소식 전하는 것이 전부였다. 그러나 지금은 달라졌다. 블로그, 인스타, 스마트스토어 등 디지털 세상에서 집을 짓고 디지털 속에서 사람

들과 만나며 새롭게 살아가고 있다.

코로나19 거리 두기 단계로 인해 사람들을 못 만나는 상황에서 지역, 세대를 구분없이 새로운 사람들을 만나고 사귀느라 하루가 너무 바쁘고 짧다. 비대면에 익숙해졌고 어떨 때는 오히려 대면이 더 불편하게 느낄만큼 어느덧 디지털 세상에 적응하며 살아가고 있다.

마우로 기옌은 '세상이 바뀌었다. 코로나19의 세계적인 대유행은 새로운 기술이 도입되는 시대를 선보일 것이다. 이전에 유행했던 감염병과는 달리 이번 사태는 기존에 이미 진행되고 있던 흐름을 더욱 가속할 것이다. 새로운 기술은 더 신속하게 도입되고 인구 고령화는 더 빠르게 진행되며, 여성의 사회적 역할은 훨씬 커지고 신흥공업국 경제는 더 빠르게 성장해 세계에서 가장 큰 소비 시장으로 부상할 것' 이라고 말한다.

반세기 전만 해도 케냐에서는 아이들 네 명 중 한 명이 14세가 되기 전에 사망했지만 지금은 그 비율이 10분의 1 이라고 한다. 감사할 일은 아프리카의 모든 연령대의 사망률이 낮아지면서 가장 가난하고 어려운 국가에서도 기대 수명이 점점 높아지고 있다는 것이다.

다가올 세상에서는 사람들은 자녀를 적게 낳아서 지금보

다 더 많은 관심과 지원을 하고 싶어 하고 교육을 많이 받는 사람의 성비가 남자보다 여자가 더 많아진다고 한다.

놀라운 과학의 발전으로 자율주행 자동차가 상용화될 것이고 인공지능의 로봇이 여러 산업 분야와 우리 생활 주변에서 동고동락하는 시대가 바로 코앞에 와 있다.

10여 년 후에는 70대의 시니어가 현재의 50대처럼 외모와 신체가 건강해진 삶을 누릴 것이다.

기술 정책 인사이트 2020년 1월에 발표한 코로나 이후 글로벌 트렌드 '완전한 디지털 사회'에서 발표한 자료다.

① 코로나19 대응 과정에서 디지털 기술은 비대면, 비접촉 거리를 유지한 채 무중단 생산과 서비스 제공이 가능한 무인화와 온라인화로 강화되고 있다.

② 코로나 이후 생산과 소비, 유통의 모든 영역에서 디지털화를 넘어 비대면, 비접촉 경제에 성공적으로 안착한 기업과 그렇지 못한 기업 간 격차는 더욱 크게 벌어질 것으로 보인다.

③ 일하는 방식의 원격화는 AI 발전에 따른 지식노동의 무인화, 알고리즘 화와 맞물려 일자리와 노동구조에 급격한 변화를 초래할 전망이다.

의식주와 건강을 위해 소비하는 일상의 모든 삶이 디지털 기술을 기반으로 움직이기 시작했다. 우리의 의지와 무관하게 부분적으로 진행되어 온 디지털화는 코로나 이후 전면적인 디지털화로 바뀌고 있다.

현재 학교 수업은 집에서 받는 경우가 많아졌고 출근은 재택근무로 바뀌고 대인관계는 줄어들고 있다. 퇴근 후는 가족과 어울리는 시간이 많아지며 장보기는 인터넷으로 대체 한다.

아날로그로 살아왔던 우리 세대는 이렇게 변해가는 세상이 버겁고 힘들다. 눈은 침침해지기 시작하는데 작은 화면인 휴대폰과 씨름을 해야 한다.

예전에 휴대폰은 전화를 걸고 받고 문자를 보내는 용도로 사용했다. 조금 발전한 것이 카톡이라는 앱을 써서 사진이나 좋은 글을 공유하는 것이었는데. 지금의 스마트폰은 컴퓨터의 기능까지 겸비하면서 우리의 삶이 그 작은 것 하나에서 모든 게 이루어지게 만들었다.

스마트화라는 것은 단순. 반복적 업무의 자동화를 넘어 데이터를 기반으로 AI가 스스로 분석하고 의사결정을 하는 기술이다. 시행착오를 통해 인간이 축적한 노하우가 집약된 일부 영역까지 침투하기 시작했다고 하니 참으로 놀랍고 두렵기까지 한다.

세상은 늘 발전하고 변하는 것이 당연하다. 그러나 앞으로의 세상은 상상을 초월할 만큼 빠르게 변할 것이다. 물 위에 돛단배는 물결에 따라 흘러간다. 거센 파도로 물결이 강해지면 강해진 대로 그 흐름을 받아들이면서 가야 한다. 받아들이지 못하면 뒤집어질 것이다.

우리도 새로운 흐름을 받아들여야 한다. 그 흐름이 우리의 인생을 이끌어 줄 것이다. 디지털로 바뀌어 가는 흐름에 올라타야만 한다. 앞으로 50+ 인생을 살아야 하는 중장년, 시니어들은 이 디지털과 친구하며 살아야 한다. 선택이 없다.

어렵다고, 못한다고 손사래를 치며 뒤에 앉아 있으면 디지털 격차는 더 벌어질 것이고 일상생활에 불편함은 더 커질 것이다.

개미와 베짱이 이야기는 누구나 아는 이야기다. 힘들지만 늘 꾸준하게 디지털과 가까워지려고 노력한 개미와는 달리 두 손 놓고 그냥 앉아서 쉬고만 있는 베짱이는 앞으로 더욱 벌어지는 디지털과의 격차에서 헤어 나오기가 점점 어려워질 것이다.

중장년, 액티브시니어들이여, 새로운 친구 디지털과 친구하러 가 보자.

디지털과 친해지는 방법

"내 가슴을 뛰게 하는 즉각적인 자극을 주는 사람과 만나라. 이런 사람들의 공통적인 특징은 무엇이든지 '재미있다'고 말하지 '힘들다'라고 말하지 않는다는 것이다."

MKYU 대학 김미경 학장

이젠 인터넷으로 장을 보는 것은 보편화되었다. 스마트폰에서 쇼핑하고, 대학병원 진료 예약, 공공기관에서 증명 서류 발급, 은행 업무 등 모든 것들이 디지털화 되었다. 참으로 편리하지만 무섭도록 빠르다.

그런데 여기서 무언가 잘못되어 취소하려고 하거나 모르는 것을 물어보려고 할 때 또는 물건 산 것을 반품할 때 벌어지는 상황에서는 일이 복잡해진다. 고객센터로만 해결을 봐야 하는데 기계가 받는 ARS 전화 응답은 단계를 넘어가고 또 넘어가고 점점 짜증을 불러일으킨다.

오죽하면 ARS 전화 연결 시 "전화 받는 직원은 누군가의 소중한 가족이다." 라는 말을 듣게 된다. 화내지 말라는 것이다.

잘 모르면 스트레스 받고 낯선 것을 시작하려면 두렵기까지 하다. 디지털이 그렇다. 이제는 적응하고 같이 살아야 하는데 싸우지 말고 친해지도록 노력하자. 그럼 어떻게 하면 좋을까.

첫째, 두려워하지 말고 시작하자.

디지털, 나만 모르는 게 아니다. 남도 모른다. 내 주변에서 디지털을 능숙하게 처리하는 사람은 MZ세대 우리 자녀 세대 말고는 거의 없다. 그러므로 주눅 들지 말고 시작해 보자. 나도 그렇게 시작했다.

스마트폰은 유치원생들도 손가락 하나로만 누르면서 사용할 수 있게 편하게 만들어졌다. 몇 번을 눌러도 고장 나지 않으니 두려워하지 말고 해 보는 거다.

둘째, 디지털 신조어를 이해하자.

디지털 세상에서 듣지도 보지도 못한 다양한 신조어들이 마구 생겨났다. 많은 것을 알 필요는 없지만 흔히 듣거나 사용하는 말은 알면 이해하기 쉽고 편하다.

① 1인 미디어 : 개인인 콘텐츠를 만들어 공유할 수 있는 형태의 매체이다. 블로그, 팟캐스트, 팟빵, 아프리카 TV, 유튜브 등

② 언택트(Untact) : 접촉을 뜻하는 콘택트(Contact)에 부정어가 합쳐진 것으로 사람과의 접촉을 최소화하는 비대면

형태의 무인 서비스를 의미한다.

③ 인플루언서(Influencer) : 연예인은 아니지만 유튜브 등 소셜미디어에서 수십만, 수백만의 구독자를 확보하고 트렌드를 이끌어가는 사람들을 말한다.

④ 디지털 노마드 : 직접 가지 않아도 자리에 앉아서 일을 하는 사람들을 말한다. 개개인 개발자, 번역가, 온라인 마케터, 디지털 마케터, 프리랜서 등

⑤ 소셜 커머스 : 전자상거래를 통한 매매 과정에서 SNS를 활용하는 것. 라이브커머스, 메타버스, 디지털 트랜스포메이션 등 이외에도 많다. 모르면 포털사이트에서 검색해보면 된다.

셋째, 나보다 먼저 디지털과 친해진 사람과 소통하자.

교육은 사람에게서 배운다. 사람만이 할 수 있는 역할이 있다. 내가 가야 할 길을 먼저 간 사람에게 조언을 구하고 배우면 된다. 나이 상관없다. 나보다 조금 먼저 시작하고 배운 사람과 소통하면서 물어보면 된다. 답답하고 간지러운 곳을 콕 집어주니 시원하다.

주위에서 "그런 것 안 해도 돼.", "배워서 뭐 할 거야?" "이미 늦었어."라고 말하는 사람들이 있을 수 있다. 귀담아 듣지 마라. 나를 성장시키고 발전하게 만드는 사람을 만났

다면 적극 소통하기를 바란다.

　넷째, 주저하지 말고 디지털을 배워라.

　50~60대 활동적 장년, 액티브시니어들이 마음만 먹으면 배울 수 있는 곳은 많다.

　① 한국고용정보원 워크넷/직업훈련포털

　'K-디지털 크레딧'을 통한 디지털 분야 기초역량 개발 및 융합형 고급 훈련과정을 배울 수 있고 직업훈련포털 교육과정은 '국민내일배움카드'를 활용해 훈련비를 지원받을 수도 있다.

　② 정보화 교실

　가장 가깝고 손쉽게 참여할 수 있는 곳으로 전국 자치 시군 구청에서 운영하는 정보화 교실이다. 문서 작성이나 동영상 콘텐츠 제작 등의 교과가 많은 비율을 차지하고 있다. 유튜브 등과 관련된 동영상 촬영 및 편집, 유튜브 채널 만들기 등 트렌드를 반영한 과정들이 다양하게 개설되어 있다.

　③ 디지털 배움터

　과학기술정보통신부가 주무부처이며 무료이다.

　1800-0096으로 전화를 걸어서 상담을 받으면 집에서 가장 가까운 곳에서 배울 수 있고 친절하게 알려준다.

④ 50플러스 포털

서울시에서 운영하며 50세 이상 연령층을 대상으로 하는 만큼 프로그램 내용과 커리큘럼도 50~60대에게 적합하게 구성되어 있다.

⑤ 배움나라

한국 정보화 진흥원에서 운영하는 무료 온라인 정보화 교육 시스템이다.

위에서 알려드린 곳은 대부분이 무료이거나 일부 본인 부담금이 있다. 우리가 앞으로 살아가야 할 디지털 세상은 선택이 아닌 필수다. 지금은 좀 낯설고 힘들게 느껴질 수 있지만, 디지털과 관련된 신문이나 책도 읽어보면 훨씬 더 접근하기가 수월하다.

그동안 이런저런 힘든 인생살이도 잘 살아온 중장년, 액티브시니어들이여, 디지털 세상은 유익한 것이 많아 재밌고 신기한 곳이다.

또한 지구상 어느 누구와도 연결할 수 있고 친구가 될 수 있는 드넓은 공간이다. 나이가 문제가 아니라 하고자 하는 우리의 의지 곧 마음의 문제다. 50+ 인생은 디지털과 함께.

인스타에 나를 알리다

인스타는 사진과 짧은 영상, 글로 디지털 속에서 사람들과 소통하는 SNS 중의 하나이다.

나는 디지털과 친해지기로 마음먹으면서 제일 먼저 시작한 것이 인스타였다. 이것은 젊은 세대의 문화이고 자기 자랑하고 뽐내고 허세가 가득한 그런 SNS 중의 하나라고 부정적으로 생각했다. 그런데 디지털 세상에 들어와 보니 나의 편견이라는 것을 깨달았다.

지역, 나라, 세대를 불문하고 새로운 사람들을 만날 수 있고 관심사가 같은 분야에서는 나눔과 공부도 같이 할 수 있어서 기쁘고 삶의 활력까지 주었다.

일반인들에게 '디멘티아강사'라는 아이디로 치매예방의 중요성도 알릴 수 있어서 더욱 좋았다. 피드를 보고 공감해 주고 응원해 주는 댓글을 보면 기분이 좋아지고 재미난 사진이나 영상을 보면서 폭소를 터뜨린 적도 있다.

인스타는 무엇보다 관심 있고 좋아하는 분야의 사람들을 사진으로 짧은 영상으로 만날 수 있다. 요리에 관심이 있어서 시작하게 됐다는 액티브시니어 '주미쿡'님은 이렇게 얘기를 한다.

"평소에 음식 만들기가 취미였어요. 처음엔 내가 좋아하고 관심 있는 요리를 공유하고 싶어서 인스타를 시작했지요. 그 속에서 전국의 새로운 친구를 사귈 수 있어서 좋았고 먹어보지 못했던 것도 먹어보고 몰랐던 새로운 정보도 알게 되어서 더욱 건강해지는 느낌을 받았어요.

다양한 것을 배우면서 나이를 의식하지 않게 되었고 젊은 사람과 소통할 수 있어서 젊어진다는 느낌을 받네요. 인스타를 하면서 스마트 스토어도 할 수 있게 되었고 내가 좋아하는 요리와 관련된 라이브 커머스도 할 수 있게 되어서 참 행복합니다. 몇 년 후에는 멋진 환갑을 맞이할 수 있을 것 같아요."

좋아하는 요리로 많은 사람과 소통을 하면서 꾸준히 공부하고 그것으로 수익화까지 내고 있는 주미쿡 님은 액티브시니어다.

감당하기 힘든 슬픈 일을 겪고 동굴 속에서 자가 격리하듯이 지내고 있는 중에 인스타라는 SNS로 자신을 알리고 생기를 되찾은 빅토리아님 이라는 분이 계시다.

"어디서 배우지 않고 취미로 혼자 SNS 활동은 하고 있었어요. 그러다 코로나 시대를 맞아 제대로 배워보기 위해 디지털 공부를 했고 인스타를 시작했지요. 글이 아닌 동영상이나 라방(라이브 방송의 줄인말)이라는 것을 배웠지요. 라방에서 나를 알리고 여러 많은 사람을 초대하면서 지역이나 해외에 사는 사람을 장소에 상관없이 사귈 수 있었어요. 또 내가 써 보고 좋았던 상품을 소개하고 공동구매도 하니 수입도 생기더라고요. 인스타는 저에게 라이브 커머스라는 직업으로 도전할 수 있게 기회를 준 SNS예요."

우울하고 힘들었던 시기를 SNS 활동으로 위로받고 힘들었던 마음을 치유했던 빅토리아 님. 활동적 장년 액티브시니어도 인스타를 통해 자신을 활발하게 알리고 다른 영역에까지 성장할 수 있다는 것을 보여 주는 좋은 사례다.

책과 글쓰기와 요리하기를 좋아하고 어렸을 적에 꿈이 성우였다고 하는 해피영옥님은 70대 중반의 액티브시니어다.

"예전부터 책 읽기나 글 쓰는 것을 좋아했고 시를 좋아했지요. 늦은 나이에 인스타라는 SNS를 하면서 내가 좋아하는 풍경 사진과 시를 피드에 올리는 게 너무 좋아요.

공부한 건강 정보도 같이 공유하면서 매일 어떤 내용의 피드를 올릴까 고민하는 것도 즐겁답니다. 인스타를 하면서 여러 가지 연결된 디지털 공부를 했어요. 영상 찍기라던가. 블로그, 스마트 스토어 등 많은 공부를 했는데 인스타는 정말로 종합예술 같습니다. 이곳에서 배운 거로는 뭐든지 할 수 있겠어요.

사람은 누구한테나 관종(관심받고 싶어 하는 종자)은 있는 것 같아요. 인스타에서 '인'은 왠지 사람인(人)으로 생각도 되거든요. 보이지 않는 풍선 속에서 동질감을 느끼는 사람들의 모임 같은 거라고나 할까요?

암튼 젊은 사람들과 소통하니까 젊어진 느낌이 들고 앞으로 팔로우도 더 늘려서 시를 낭독하는 '시를 읽어주는 할머니'가 되고 싶네요. 딸이 '디지털 배움터'라는 것을 알려줘서 거기에서도 여러 가지 강좌를 듣는데 그것 역시 재밌고 새로 와요."

인터뷰를 하면서 참으로 놀라웠고 존경스럽기까지 했다. 나이는 숫자에 불과하다는 말을 새삼 느끼게 해주었고 50~60대에게 '나도 할 수 있다.'라는 자신감과 동기부여도 받게 해주는 그런 말들이었다.

디지털이라는 공간도 우리가 사는 세상과 별반 다르지 않다. 사람을 만나서 느끼고 생각하고 원하는 것들 그 모든 것들이 단지 디지털이라는 또 다른 공간으로 이동을 했을 뿐이다.

앞서 해피영옥 님이 말한 '관종'은 모든 사람에게 있다고 생각한다. 관종은 관심 종자의 줄임말인데 타인에게 관심을 받고 싶어 하는 욕구가 심하다는 뜻이다. 언뜻 듣기로는 느낌이 좋지 않은 말이지만 뒤로 물러나서 '관심'이라고 바꿔보면 어떨까.

쇼핑하다 마음에 드는 머플러를 하나 사서 목에 두르고 외출을 했는데 이웃 누군가가 "어머! 머플러가 너무 잘 어울려요."라고 말하면 기분이 좋아진다. 오랜만에 펌을 하고 장을 보러 갔는데 매장 직원이 "손님, 머리가 예쁘시네요."라고 얘기를 하면 그냥 미소가 지어진다. 이렇게 나의 변화된 상태를 누군가 알아주고 호응해 주고 반겨주면 기분이 좋아지는 것은 당연하다.

수년 전에 내 지인이 흘러가는 말로 이렇게 얘기를 했다.
"나이가 드니까 사람들이 나한테 관심을 가져주지 않아. 나이 든 사람한테는 관심이 없어."
그때는 그 말에 별로 공감이 가지 않았는데 점점 세월이라는 약을 먹어보니 나 역시 공감된다. 중장년, 액티브시니어한테는 이런 관심, 관종이 필요하다.
나는 디지털 세상에서 인스타라는 SNS가 이 부분을 만족시켜 준다고 생각한다. 내가 예쁘게 찍은 사진 한 장 올렸는데 그것을 같이 본 어떤 이가 '좋아요'라는 하트를 눌러주고 댓글을 달아주면 기분이 좋다. 이렇게 사람들과 소통하고 얘기 나누는 것이 점점 필요해진다. 액티브시니어들이여, 인스타에 나를 알리고 나 역시 관종이 되어보자.

블로그에 지은 내 집

나는 인스타를 시작하고 몇 개월 후 블로그도 시작했다. 평소 글 쓰는 것에 대한 두려움이 있었고 늘 글재주가 없다고 생각했다. 그래서 그런지 초반에 쓴 블로그 글은 지금 봐도 참 어색하고 부족한 부분이 많다. 하지만 그것도 나의 기록이기에 삭제하지 않고 남겨두었다. 블로그는 기록을 하는 것에 대해선 완전 최적화된 SNS이다.

"블로그는 개인의 생각과 경험, 알리고 싶은 견해나 주장, 전문지식 등을 웹에다 일기처럼 기록해 다른 사람들도 보고 읽고 댓글을 달 수 있게끔 열어 놓은 글 모음을 말한다."[9]

글재주가 없어도 된다. 그저 나의 일기장처럼 편안하게 글을 쓰면 된다. 독서나 운동, 요리, 취미 활동, 지역 정보, 하는 일과 관련된 정보, 상품 리뷰 등 무엇이든 기록하고 저장할 수 있다. 한동안은 블로그에 일기 쓴 적이 있다. 하루를 정리하면서 글을 쓰는 데 마음 정화도 되고 시간이 지

---

[9]https://terms.naver.com/entry.naver?docId=3586511&cid=59277&categoryId=59278

난 후에 쓴 글을 읽어보니 기억도 새롭고 참 신비하기까지 했다.

중장년, 액티브시니어에게도 글을 쓰는 것을 추천한다. 노트에 쓰는 것을 단지 디지털에 옮기는 것뿐이라고 생각하고 써 보기를 적극 권한다. 블로그는 글쓰기만 하는 것이 아니라 사진, 영상도 올릴 수 있다.

인스타와의 차이점이라면 인스타는 사진이 주(主)가 되고 글이 비교적 짧지만 블로그는 긴 글을 쓸 수 있고 사진이나 동영상을 덧붙일 수가 있다.

활동적 장년 액티브시니어는 다른 세대에 비해 일단 시간이 많은 부자다. 그 장점을 이용해서 맘만 먹으면 언제든 도전할 수가 있는 것이 블로그다.

한국 시니어 블로거 협회 김봉중 회장은 이렇게 말한다.

"블로그를 잘 활용하면 친구도 될 수 있고 명함으로 활용할 수도 있다. 외롭고 쓸쓸한 시니어들의 남는 시간도 블로그를 통해 유용하게 보낼 수 있고 블로그 친구들과 서로 소통하며 정보도 공유할 수 있다. 시니어는 시간 부자다. 블로그는 글 잘 쓰기와는 상관이 없다."

디지털 세상에서 SNS의 큰 장점은 지역과 시간과 세대간의 제약 없이 누구와도 친구가 될 수 있고 유익한 정보를 얻을 수 있다. 블로그가 그 역할을 톡톡히 한다.

특히 활동적 장년 액티브시니어에게는 더할 나위 없이 좋은 SNS 중의 하나이다. 아무리 맛난 것이 있어도 내가 직접 먹어봐야지 그 맛을 알 수 있듯이 블로그도 직접 해 봐야지 그 풍요로운 맛을 느낄 수가 있다.

어떤 분은 블로그에 만보 걷기를 꾸준히 주 5일 포스팅한다. 길과 공원을 걸어가면서 사진과 영상을 찍고 공유한다. 같은 장소인데도 불구하고 시간과 날씨에 따라 변화되는 자연이 참으로 신비롭기까지 하다.

그 사진 속에 짧은 글과 느낌을 적는데 글을 읽는 재미가 쏠쏠하다. 필자와 같은 느낌을 받는 분들이 하나둘 늘어나다 보니 댓글을 남기는 분들도 점점 많아진다.

취미생활로 그림을 그리는 분은 그림이 그려지는 순서를 사진으로 찍고 짤막하게 글과 함께 올린다. 보는 이가 그림을 그리는 것 같은 착각이 들 때도 있다. 미술관이나 박물관을 관람하고서는 느낌을 글로 표현하고 가는 길도 친절하게 안내를 해주어 가고 싶은 충동을 일으키게 한다.

또 어떤 분은 화초가 자라는 모습을 글과 사진으로 올린다. 화초에 관심이 많으신 분들은 서로의 정보를 교환할 수도 있어서 좋다. 취미생활이 같고 관심도가 같다면 디지털에서 이웃 관계가 되어 서로의 글을 읽고 응원해 주는 것도 디지털 세상에서의 행복한 관계이다.

액티브시니어는 살아야 할 시간이 아직도 많이 있다. 경제력이 있든 없든 일은 선택이 아닌 필수이기에 일을 찾기 위한 정보로도 블로그를 이용할 수 있다.

블로그에는 새로운 일자리 정보가 많다. 내가 해 보지 않은 새로운 직업의 경험자들이 쓴 글을 보면서 실질적인 소식을 들을 수가 있는 것이다. 관심이 있는 직업을 검색하여 그것에 관련된 여러 사람이 올려놓은 글들을 보면 된다.

뉴스나 신문, 유튜브에서도 여러 정보를 얻을 수 있지만 세상 변화의 흐름 속에서 생겨나는 직업, 사라지는 직업에 대해서 좀 더 자세하고 쉽게 찾아볼 수 있다.

또한 블로그를 통해서 돈을 벌 수도 있다. 어떤 주제를 갖고 블로그를 운영하다 보면 누군가에게 협찬이라는 것도 받을 수 있고 본인이 하는 일과 관련된 홍보도 할 수 있으며 운영하는 스토어에 상품도 팔 수 있다.

내가 자신 있고 알려주고 싶은 정보가 있으면 매일 꾸준히 1포스팅을 해 보자. 1포스팅이 힘들면 주 3~5개의 글을 포스팅해도 좋다. 블로그에는 방문자 수가 기록이 되는데 하루 방문자 수가 꾸준히 늘어나면서 500명 내외를 유지하면 네이버 애드포스트에 몇 만 원 정도의 수익도 올릴 수 있다.

네이버 애드포스트 사이트에 접속하여 본인의 블로그를 심사 신청하면 메일로 1~2주 후에 합격 여부를 알려준다. 처음 신청해서 안 되면 다음에 다시 신청해도 된다.

네이버 회원인 자는 누구나 서비스 신청이 가능하다. 단, 미성년자(만 19세 미만)나 비영리법인의 경우 신청이 거절될 수도 있다. 큰 욕심 내지 않고 그저 나의 글을 올렸을 뿐인데 돈도 벌 수 있으니 쏠쏠한 재미가 있다.

블로그로 좋은 습관을 만들 수도 있다. 새벽 기상, 체중조절, 금연, 감사 일기 등을 꾸준하게 쓰면서 사진을 찍어서 블로그에 올리는 것이다. 긴 글도 필요 없다. 단지 인증하는 것만으로도 도움이 된다.

좋은 습관은 본인과의 약속인데 혼자 하면 지속하기가 쉽지 않다. 같은 습관을 갖고자 하는 분과 이웃을 맺기도 하고 서로 응원의 댓글을 달아주면서 파이팅 하는 것도 힘이 된다. 나는 어느 기간 동안에 감사 일기를 쓴 적이 있다. 감사를 하니 감사 거리가 늘어난다는 사실도 몸소 체험했다.

블로그에 나의 집을 멋지게 지어 보자. 이방 저방 나누어서 세간살이도 들여놓고 거실도 예쁘게 꾸며 보는 거다. 디지털 세상에서의 예쁜 집, 튼튼한 집을 짓고 그곳에서 만나는 사람과 서로 인사하며 힘을 받아 보자. 진실하게 사실적인 글로 소통하면서 50+ 액티브시니어의 슬기로운 생활을 시작해 보는 것도 신선하지 않은가?

나도 구글에서 돈 벌 수 있다

"유튜브는 수백만 명의 사람들이 함께 즐기고, 배우며, 놀
라고, 흥분하는 새로운 세계를 창조해냈다. 이는 과거에는
볼 수 없었던 거대한 현상이다." 타임지 선정 2006년 올해의 발
명품 중

유튜브는 자신의 영상을 올리고, 다른 사람의 영상을 보
면서 댓글을 남기고, 또한 친구와 지인들에게 공유한다. 아
마도 중장년 액티브시니어들에게는 디지털 세상에서 맛보는
제일 친한 친구일 것이다.

10여 년 전만 하더라도 각 가정의 저녁 풍경은 TV 앞에
가족들이 옹기종기 모여 앉아 오락프로그램을 보거나 드라
마를 시청하던 시절이었다.

그런데 지금의 MZ 세대(디지털에 익숙한 세대)는 TV를
거의 보지 않는다. 스마트폰으로 유튜브를 보거나 게임을
한다. 시대가 변하고 있다.

여기에 중장년, 시니어들도 변했다. 와이즈 앱에 따르면
'국내 50대 이상이 가장 오래 사용하는 앱'으로 1위가 유튜
브, 카카오톡, 네이버, 다음 순이었다.

이제는 유튜브를 그냥 보기만 하는 것이 아니라 콘텐츠

생산자로서도 활동을 하는 1인 크리에이터들이 많이 생겨났다. 그야말로 1인 사장님, CEO들이 많다는 것이다.

1인 크리에이터들 중에 유튜브로 인생이 바뀐 사람들이 있다. 대표적인 분이 70대인 박막례 할머니다. 할머니와 유대관계가 컸던 손녀는 병원에서 할머니가 '치매 위험군'이라는 이야기를 듣고는 회사를 당장 그만두고 할머니와 호주 여행길에 오른다.

여행 영상을 찍었는데 영상의 양이 너무 커서 가족들과 할머니가 같이 볼 수 있도록 유튜브에 올렸다. 이것을 계기로 많은 사람들에게 관심을 받게 되었다.

걸쭉한 전라도 사투리를 쓰는 할머니는 손녀의 도움을 받아 자신의 일상을 유튜브에 올렸는데 인기는 날로 높아져 급기야 구글 회장까지 만나게 되는 박막례 할머니.

그 후 여러 인터뷰, 홈쇼핑에 광고까지 활발한 활동을 하며 확 달라진 인생을 살아가게 된 박막례 할머니는 그야말로 '인생길 어디로 갈지 아무도 모른다.'는 말이 절로 생각나게 하는 사례다.

귀농생활을 하며 농사지은 농산물을 판매하고 홍보하기 위해 유튜브를 시작한 시니어도 있다. '지리산별마루'라는 이름으로 유튜브를 운영하는 김윤숙 님은 이렇게 얘기한다.

"아무리 좋은 먹거리를 생산해도 그것을 판매하고 알리려면 홍보가 필요했지요. 변화하는 디지털 세상에서 트렌드를 쫓아가야 했기에 열심히 공부해서 유튜브를 시작했습니다. 유튜브는 글보다는 홍보하기가 좀 수월했거든요.

유튜브는 잘하려고 하면 너무 힘들어요. 그저 나의 일상생활을 편하게 담는다 생각하면 수월하게 할 수 있습니다. 어디로 흩어져 버릴지 모르는 나의 기록들을 한곳에 모아 담을 수 있으니 유튜브만큼 좋은 게 없더라고요. 다른 세상, 드넓은 디지털의 세상에서는 시각도 넓어지고 마케팅으로 수익화하는데도 아주 좋은 콘텐츠예요."

자신도 농부의 삶을 살면서 디지털로 힘들어하는 지역 농가들을 살핀 공로로 표창도 받은 지리산별마루는 역시 진정한 액티브시니어다.

농촌, 어촌, 산촌에서 좋은 먹거리로 생산을 해내는 1차 생산자들 중에는 중장년, 시니어들이 많다. 생산만 한다고 판매가 이루어지는 것이 아니고 그 좋은 상품들을 디지털 세상에서 알리는 것 역시 중요하다. 그 매개체로 유튜브 같은 이런 소셜미디어를 이용해서 수익화하는 것도 하나의 방법이므로 고려해 볼 만하다.

황혼육아 콘텐츠는 브이로그(일상을 촬영한 영상 콘텐츠), 상담 등 방식도 다양하다. '친절한 경애씨' 채널을 운영하는 배경애(62) 씨는 육아 브이로그를 주로 제작한다.

'편식하는 손녀에게 채소 먹이기'나 '동화책 읽어주기'등 일상생활에서 일어나는 일들이 모두 영상의 주제가 된다. 소년의 성장과정을 기록하면서 사람들에게 육아의 즐거움을 알려주고 있다.

인성교육지도사와 독서지도사, 그림책 지도사를 포함해 7개의 자격증을 딴 전경옥(69)씨. 손자가 클수록 단순한 돌봄을 넘어 제대로 된 교육을 펼쳐 올바른 방향으로 손자가 나아갈 수 있게 하고 싶었기에 그간 쌓은 지식을 바탕으로 '손잘TV'에 출연해 손주 양육 노하우를 전달한다.

스마트폰 사용이 보편화되면서 유튜브와 같은 디지털플랫폼을 많이 활용하고 있는 추세다. 자신의 경험을 타임과 공유하려는 노년층은 앞으로도 계속 증가할 것이다.

워킹투어 유튜브 채널인 '길 위에서 TV'를 운영하고 있는 혜정님은 60대 액티브시니어다. 코로나로 인한 팬데믹이 일어나기 전 세계여행을 하면서 찍은 영상들과 서울을 비롯한 여러 도시의 산책길 영상을 유튜브에 올리고 기록으로 남긴다.

산티아고 순례길, 오스트리아 인스브루크, 지리산 둘레길, 강화도 길 등 수많은 길을 여행하고 걸으면서 영상을 찍어 올린다. 보고 있노라면 마치 현지를 간 것처럼 착각에 빠지고 영상을 찍은 본인 역시 그 기록물들을 보면서 얼마나 행복할까 싶다. 자신 인생의 발자취, 성취감의 기록물, 만족감으로는 그 어떤 콘텐츠보다 높다.

사람들은 자신이 좋아하고 즐겨 하는 것을 기록으로 남기고 싶어 하고 또한 여러 사람과 공유하기를 원한다. 중장년, 시니어들에게는 그동안 살아온 인생길에서 많은 경험을 축적해 왔다. 급격하게 변하는 디지털 세상에서 적응하기가 MZ 세대보다는 많이 느리고 뒤처지지만 이러한 유익한 경험들로 콘텐츠를 살려서 밖으로 표출하는 것은 어떨까?

무엇이든지 결과물을 만들어내기 위해서는 많은 시간과 노력이 필요하다. 더군다나 낯설고 익숙하지 않은 디지털에서의 창작이나 기록물들은 말해 무엇하리오. 그러나 앞으로 이런 세상에서 살아가야 하는 우리들은 적응하고 노력해야 한다. 하다 보면 욕심이 생긴다. 더 잘 만들고 싶고 무언가 더 첨가하고 싶고 그러다 보면 지치고 힘들어진다.

어떤 콘텐츠를 만들더라도 자존심을 내세우기보다는 즐겁고 행복한 마음으로 하기를 권한다. 인생길에 이런 길 저런 길을 다녀본 우리가 아닌가.

단지 디지털 세상으로 가는 여러 가지 길 속에 우리는 편하게 한길을 만들어 가보자. 각자 본인의 성격과 좋아하는 기호와 생활패턴에 맞는 소통의 길을 만들자. 그것이 앞서 애기한 인스타가 되든지, 블로그가 되든지, 유튜브가 되든지 말이다.

핸드폰 세상에서 놀자

포노사피엔스의 시대가 도래했다. 포노 사피엔스란 지혜가 있는 폰을 쓰는 인간을 말한다. 스마트폰 없이 살 수 없는 새로운 인류 문명의 시대가 왔다고 영국 일간지 이코노미스트는 말했다.

스마트폰의 사전적 정의는 휴대 전화에 여러 컴퓨터 지원 기능을 추가한 지능형 단말기다. 결국 폰은 폰인데 전화걸기, 받기용만이 아닌 손안의 컴퓨터라는 것이다.

스톡앱스(StockApps)의 데이터에 따르면 2021년 7월에 휴대폰 사용자들의 수는 거의 53억 명에 이르렀고 이는 세계 인구의 67%에 해당한다. 이들은 이미 포노 사피엔스 문명을 즐기고 있고, 시장 생태계는 파괴적 혁신이라는 말밖에는 할 수 없을 정도로 변화되었다.

이렇게 우리는 옛것을 고집하기에는 이미 세상이 너무도 빠르게 변했고 나아가 스마트폰은 우리에게 필수적인 일상 도구가 되었다. 이 일상 도구를 사용해서 핸드폰 세상에서 잘 살기 위해선 그 사용법을 알아야 한다. 아날로그로 살았던 중장년, 시니어들의 숙제가 시작된 것이다.

이 글을 읽는 독자 중에 혹여 스마트폰을 잘 다루지 못한다고 하는 분이 있다면 참고해보길 바란다. 숙제하는 방법을 간략히 제시해 보고자 한다.

먼저 스마트폰이나 PC에서 '디지털 배움터'를 클릭한다. 홈 화면에서 '교육자료'를 클릭하면 여러 가지 강좌가 나온다. 완전 기초적인 것을 익혀야 한다면 '디지털 기초'를 클릭한다. 이해가 안되면 전화로 상담하면 된다.

강좌를 다 듣고 익혔다면 '디지털 생활' 단계를 클릭해서 실질적으로 사용할 수 있는 기능들을 익힌다. 디지털 세상의 전반적인 흐름을 이해하고 싶다면 '디지털 심화'를 듣고 더 나아가 구체적인 활용법을 배우려면 '일반강좌'를 클릭해서 학습 기간에 맞는 것을 찾아서 들으면 된다.

디지털 배움터는 국민 모두가 디지털 사회에 대한 참여 동기를 가지고 디지털 격차 해소 정책으로 과학기술정보통신부와 한국지능정보사회진흥원에서 만든 무료 디지털 학습 사이트이다.

어느 정도 스마트폰의 사용법을 익혔다면 본격적으로 디지털 세상에서 내 명함을 올려놓고 인맥을 쌓아보자. 50+ 디지털 세상에서 살아가야 할 세상에 나의 디지털 명함은 있어야 한다.

카톡은 전 국민이 사용하는 국민 앱이다. 프로필도 바꾸어 보고 예쁜 사진이나 글로 꾸며도 보자. 프로필 사진은 환하게 웃는 자신의 사진으로 꾸며 보기를 추천한다.

나이 들어서 주름진 얼굴이어서 싫다고 하지 말자. 지금이 내 인생에서 제일 젊고 예쁠 때다. 환하게 웃는 프로필 사진을 보면 보는 이로 하여금 절로 미소 짓게 되고 마음이 따뜻해지는 마력이 있다. 지금 당장 바꿔보자.

디지털 세상이 오기 전에 인맥은 주로 혈연, 학연, 지연 등으로 이루어졌었다. 그러나 지금 스마트 시대에서는 SNS인 인스타, 블로그, 유튜브로 디지털로 이루어지고 있다. 학연과 지연 등으로 맺어진 인맥이 폐쇄적이라면 SNS로 맺어진 인맥은 보다 개방적이고 빠르게 소통할 수 있는 인간관계다.

사진으로 글로 영상으로 나의 디지털 세상에 집을 지어서 친구들을 불러 모으자. 멋진 사진에 댓글을 달아주고 유용한 정보나 공유하고 싶은 블로그 글에 노크를 해서 만나자. 디지털 세상도 사람이 사는 세상이다. 스마트폰에서 인스타, 블로그, 유튜브 다 할 수 있다.

나는 인스타, 블로그를 하면서 새로운 사람들을 정말 많이 만났다. 코로나19로 인해 대면으로 못 만나는 상황에서 친구도 이웃도, 하물며 가족도 만나지 못했다. 디지털 세상에서는 달랐다.

국내가 아닌 해외에 사는 사람과 소통하면서 언니, 동생 관계를 맺고 국내에선 지역, 나이에 상관없이 정말로 새로운 분야에 사람들을 만나느라 시간 가는 줄 몰랐다. 얻기 어려운 정보를 디지털 인맥으로 쉽게 얻었고 어떤 업무적인 일로 도움이 필요할 때 바로 디지털 인맥으로 해결을 본 적도 있다.

나이가 들면 친구 사귀기가 쉽지 않다. 새로운 만남을 가지기에는 여러모로 제약이 많다. 중장년, 시니어들이여, 디지털에서 꾸준한 소통으로 인맥을 만들어 보자.

핸드폰 세상에서 재미있게 노는 방법은 즐거운 소통, 인맥 찾기, 정보 공유 등 여러 가지가 있지만 아마도 돈을 벌 수 있으면 그것만큼 좋은 것은 없다.

노후에 안정적으로 살 수 있게 경제적인 문제를 해결했다면 좋겠지만 오래 살 수밖에 없는 현 상태에서는 먹고사는 문제는 일단 고민해야 할 일이다.

현실에서 돈을 벌 수 있는 가게나, 실질적인 일이 있다면 그 부분을 디지털 세상에 끌고 와서 연결하는 방법이 있을 수 있겠다. SNS로 홍보를 하며 사람들에게 알리고 끌고 오는 것이다.

다른 방법은 디지털 세상에서 나의 온라인 가게 즉 스마트 스토어를 내는 것이다. 큰 욕심내지 말고 적은 돈이라도 꾸준히 들어올 수 있게 플랫폼을 만들면 이 재미도 쏠쏠하다. 돈 버는 길은 여러 가지가 있다. 디지털 세상에서의 본인들에 맞게 수익 창출하는 방법을 고려해 보면 좋겠다.

스마트폰 세상에서 놀 때 주의할 점이 있다. 가장 두려운 것은 역시 돈에 얽힌 보이스피싱 같은 사이버 위협이다.

우리나라 속담에 '눈 뜨고 코 베인다'말이 있다. 알면서도 당한다는 것이다. 나이 든 사람만 겪는 것은 아니다. 젊은 세대도 당한다. 그러나 스마트폰에 조금은 덜 익숙한 중장년, 시니어들에게는 더욱 치명적이기에 조심해야 한다. 이것만은 명심하자.

첫째, 은행에서는 돈에 관련된 그 어떤 문자나 소식을 전하지 않는다. 은행문은 높다. 대출 한번 받으려면 복잡한 서류에 심사할 것이 많은데 그리 쉽게 친절하게 문자를 보내겠는가?

둘째, 전화로 무언가 요구를 하는 게 있으면 무조건 의심해라. 개인 정보나 신분증, 사진은 무언가를 달라고 하는 것은 무시해도 좋다.

셋째, 출처가 분명하지 않은 URL은 클릭을 하지 않는다.

주의를 한다고 했는데도 만약 보이스 피싱을 당했다면 국번 없이 1322나, 112에 신고를 하자. 편리하고 장점도 많은 디지털 세상이지만 그 이면에는 어두운 면도 존재한다. 내가 주의하고 조심할 수밖에 없다.

스마트폰 기깔나게 이용하는 7가지 방법

실행이 답이다. 이제 스마트폰을 기깔나게 이용하는 7가지 방법을 알아보자.

첫째, 스마트폰의 설정과 기능을 익혀 스마트폰과 친해지는 것이다. 스마트폰은 컴퓨터 1대와 맞먹는 기능이 있다.
'디지털 배움터'를 클릭하면 나와 가장 가까운 디지털 교육장을 찾아볼 수 있고 다양한 교육과정을 편리하게 신청할 수 있다. 전화상담 1800-0096으로 문의를 하면 친절하게 안내 해주므로 두려워하지 말고 천천히 해보기를 추천한다.
온라인으로 듣는다면 첫 화면에서 교육신청하기(바로가기)→유튜브채널이나 온라인강좌를 클릭→디지털 기초, 디지털 생활, 디지털 심화 과정 중에서 디지털 기초부터 순서대로 학습하면 된다.
스마트폰 사용법을 어느 정도 알고 있다면 일반강좌를 클릭한다. 디지털 기초에는 스마트폰 설정하는 방법, 이메일 계정 만드는 방법, 앱스토어 이용과 설치하는 방법 등 여러 가지가 있다.

둘째, 스마트폰에 있는 건강관리 앱을 이용하자.

스마트폰에 자동으로 저장되어 있는 삼성헬스 앱이나 애플 건강 앱을 적극적으로 활용하자. 일상생활 속에서 건강을 스마트하게 지키는 것이다.

걷기 관리를 하면 걸음 수와 활동 시간이 자동으로 기록된다. 만보기가 따로 필요 없다. 달리기, 자전거 타기 등을 할 때 목표 거리와 시간을 설정해 놓으면 남은 거리와 시간을 계산해 주므로 운동 관리를 도와준다.

피트니스를 클릭하면 본인의 여러 가지 운동 기록 등을 나와 AI가 관리할 수 있다. 가까운 곳에 실외 운동을 할 만한 체육시설을 찾는다면 '체육시설알리미' 사이트를 이용한다.

셋째, 자격증을 위한 수업을 듣거나 온라인을 통한 대학 강의를 듣는다.

국가평생학습포털인 '늘 배움'에서는 기초문해, 학력보완, 직업 능력, 문화예술, 인문교양 등 다양한 분야의 강좌가 있다. 분야에 따라 원하는 강좌를 선택해서 들을 수 있다.

'늘 배움'을 클릭하면 맨 아래 왼쪽에 기본 모드와 어르신용이 있다. 어르신용은 글자나 화면이 크게 나와서 보기가 좀 더 수월하다. 학력보완을 클릭하면 검정고시에 관한 강좌를, 직업 능력을 클릭하면 여러 직업에 관한 강좌를 들을 수 있다.

'K-MOOC'은 대학의 우수 강좌를 일반인들이 무료로 들을 수 있게 공개한 사이트이다. 한국형 온라인 강좌 서비스다. 강의 수강과 함께 학점은행제를 통해 학위 취득도 가능하다.

K-MOOC을 클릭하면 교양 강좌, 4차 산업혁명, AI 인공지능, 이공계 기초과학, 한국학, 연령별 강좌 등이 있다. 연령별 강좌는 10대, 20대, 30대, 40대, 50대가 많이 듣는 강좌가 있어서 관심 있는 연령대의 강좌를 클릭해서 들으면 유익하다.

넷째, 소셜미디어(Social Media)를 이용하여 주변 사람과 소통을 하자.

소셜미디어란 "사람들의 의견, 생각, 경험, 관점 들을 서로 공유하기 위해 사용하는 온라인 도구나 플랫폼이다. 텍스트, 이미지, 오디오, 비디오 등의 다양한 형태를 가지고 있는데, 대표적으로 블로그, 소셜 네트워크, 메시지 보드, 팟캐스트, 위키스 , 비디오 블로그 등이 있다."[10]

---

10)https://terms.naver.com/entry.naver?docId=3586501&cid=59277&categoryId=59278

앞에서 얘기한 인스타, 블로그 등을 이용해서 새로운 친구를 사귀고 소통한다. 또는 운동이나, 취미 동아리에서 만난 동료들과 새로운 만남을 갖는 것이다. 좋아하는 것과 관심거리가 같은 사람들의 모임이므로 금방 친숙하게 사귈 수 있다.

다섯째, 스마트폰에 있는 다양한 앱들을 이용한다.

건강관리 앱, 쇼핑앱, 은행 앱, 교통에 관련된 앱, 음식 배달 앱, 지도 앱 등 여러 가지가 있다. 필요에 따라 다운을 받아서 이용하면 일상생활을 하는데 상당한 편리하다.

건강 관리 앱중에 '응급 의료 정보 앱'은 갑자기 병원이나 약국을 가야 할 때 낯선 곳에서도 유용하게 사용할 수 있는 앱이다.

'똑닥'앱은 병원 예약 접수 필수 앱이다. 증상이나 병원으로 검색하면 원하는 위치, 일정에 접수 예약이 가능하다. 진료카드도 등록을 해놓으면 결제도 가능하다.

'THE 건강보험'앱에서 '민원 여기요'를 클릭하면 건강보험 자격득실 확인서나 보험료 납부 확인서도 등 필요한 서류 발급이 가능하다.

교통에 관련된 앱 중에 '카카오 지하철'앱을 이용하면 출발시간, 도착시간, 환승역까지 수월하게 검색이 되어서 편리하다.

낯선 곳을 갈 때도 지도를 통해 길 찾기를 하면 도보로 갈 때 내비게이션 앱처럼 편하게 이용할 수 있다. '고속버스 티머니', '시외버스 티머니'앱 등으로 손쉽게 표를 예매할 수 있고 'TMAP 대중교통'앱 등은 길 찾기, 일반버스, 지하철 등을 검색할 수 있다.

단 여러 가지를 이용하다 보면 처음 가입할 때 사용했던 계정이나 비밀번호를 잊어버리는 경우가 있다. 중요한 것을 메모해 두는 수첩 같은 곳에 어느 사이트 계정, 비밀번호를 적어둔다. 은행 앱 같은 경우는 비밀번호를 몇 회 이상 잘못 누르면 직접 가야 하는 번거로움이 있기때문에 신중하게 사용해야 한다.

여섯째, 스마트폰으로 영상편집을 만들자.

스마트폰으로 사진을 찍는 것은 어느 정도 익숙해졌을 것이다. 좀 더 나아가 자신의 일상이나 여행기, 취미활동 등을 간단한 영상으로 찍고 편집하면 그럴싸한 작품이 만들어진다. '키네 마스터', 'VLLO' 등은 영상 만들기 툴이라 할 수 있다. 역시 디지털 공부하는 곳에서 무료로 가르쳐준다. 어렵지 않다. 배우려는 의지만 있으면 모두가 내 인생의 영화 감독 카메라 감독이 될 수 있다.

일곱째, 스마트폰에서 스마트하게 예의를 지키자.

현재 자신이 어떤 곳에 접속해 있는지 알고, 그곳 문화에 맞게 행동해야 한다. 여러 사람이 함께하는 단톡방에서는 긴 글이나 내가 좋아하는 영상이나, 음악, 좋은 글을 자주 올리지 않는다. 나는 좋아서 올리지만 다른 사람은 원하지 않을 수가 있다.

적절한 이모티콘을 사용해서 나의 감정을 표현하자.

느낌이나 표현력을 익살스럽게 할 수 있는 이모티콘을 정해서 단톡방의 대화를 재미나게 꾸며 보는 거다.

또한 다른 사람의 시간을 존중하고 논쟁은 절제된 감정 아래서 행하여야 한다. 논란의 여지가 있는 내용 특히 종교, 정치적인 민감한 부분은 가능한 피한다. 여러 사람이 함께하는 공간이다. 디지털이라 해도 너무 늦은 시간은 삼가자.

마지막으로, 다른 사람의 실수를 너그럽게 용서해야 한다.
나도 실수할 수 있기 때문이다. 댓글을 달 때는 용기와 희망을 주는 댓글이 사람과의 관계를 돈독히 해 주므로 굳건한 커뮤니케이션 네트워크를 만들어 보자.

중장년, 액티브시니어들이여, 망설이지말고 겁내지말고 실행해보는거다. 50+ 활동적 장년의 슬기로운 생활은 디지털 세상에서 새롭게 꾸며질 것이다.

디지털로 글쓰기 하자

디지털 글쓰기는 다양한 환경의 디지털 공간에서 여러기 능을 활용하여 쓰는 글쓰기다. 글쓰기 하면 학창 시절에 백일장이 생각난다. 전교생을 상대로 주제를 주면 나름대로 머리를 짜내어 글을 썼던 기억이 있다. 입상은 언감생심 한 번도 해본 적이 없다. 글을 잘 쓰는 아이들은 정해져 있었고 글쓰기는 타고나는 줄만 알았다.

글을 썼던 또 다른 추억은 학교에서 내준 여름방학, 겨울방학의 숙제였던 일기 쓰기다. 첫날은 방학을 알차게 보내겠다는 다짐과 설렘으로 일기를 잘 썼다.

날이 지나면서 하루, 이틀 밀리기 시작하더니 급기야 개학을 며칠 앞두고 벼락치기로 팔이 떨어져 나가라 썼던 기억이 전부다. 아마도 공감하는 독자들도 꽤 있으리라 생각한다. 그 후로는 거의 글을 써 본 기억이 없다.

나는 글재주가 없고 글은 아무나 쓰는 게 아니라고 생각했다. 그런데 내가 달라졌다. 고작 카톡 단톡방에서 소통하는 정도의 글쓰기가 전부였던 내가 블로그를 하고 급기야 이렇게 책을 썼다. 자꾸 쓰다 보니 실력이 늘고 무엇보다 재미있다.

사람들이 흔히 하는 말이 있다. "내가 살아온 날을 글로 쓰면 책 몇 권은 된다." 정말 그렇다. 인생살이가 그리 녹록지 않고 저마다 사연들이 많다. 각자의 그 삶의 애기들을 풀어서 글로 적는다면 정말 소설 같은 이야기들이 줄줄이 사탕처럼 나올 것이다. 글을 쓰는데 소재거리가 풍부하므로 오히려 나이 든 사람한테는 글쓰기가 수월하다.

글을 쓰는 것은 치매 예방에도 좋은 생활 습관이다. 어떤 주제에 맞추어서 글을 쓰기 위해서는 집중과 생각 정리가 필요하다. 그동안 하지 않았던 새로운 뇌를 자극해야 하는데 전두엽이 그 역할을 담당한다.

글쓰기에 가장 쉽게 접근할 수 있는 것이 일기 쓰기다. 하루를 보내면서 감사했던 일이나 행복했던 일, 슬펐던 일, 화났던 일 등 늘 똑같은 일상이지만 하루에 만났던 사람 애기, 책을 본 내용, 하물며 쓸 거리가 없으면 먹은 음식에 대한 애기를 써도 좋다. 처음엔 그냥 끼적끼적 쓰기만 해도 일단 시작하기만 하면 글쓰기가 된다. 내가 그랬다.

나만 볼 수 있게 글을 쓰는 것도 좋지만 지금은 디지털 세상이다. 내 글을 디지털 세상에 공개해 보자. SNS에 글을 한번 올려 보는 거다.

일기를 써도 좋고 책을 읽고 독후감 형식의 글을 써도 좋다. 하고 있는 일에 대한 글을 써도 좋고 가고 싶은 곳, 하고 싶은 일, 보고픈 사람 등에 대해서 써도 좋다.

나는 일기를 써 보니 내 안의 찌꺼기가 정화되는 듯한 느낌이 들었다. 블로그에 일기를 쓴다고 해서 다른 사람이 볼까 봐 싫다고 하는 분들도 있다. 그런데 세상 사람들은 나한테 관심이 없다. 그냥 편하게 쓰면 된다. 혹여 여러분의 글을 누가 보고 공감을 해준다면 은근히 즐기게 될 것이다. 블로그의 글쓰기는 공개, 비공개가 가능하다.

얼마 전에 본 영화 '버킷리스트'라는 영화는 많은 생각을 하게 했다. 가난하지만 평생 가족을 위해 헌신한 사람과 엄청난 부자지만 주변에 아무도 없는 괴팍한 사업가에게 남아 있는 삶은 똑같이 약 1년. 둘은 버킷리스트를 작성하여 남은 시간을 친구가 되어 여행을 떠나는데, 잔잔한 감동을 주었다.

버킷리스트(Bucket List)는 세상을 떠나기 전까지 해보고 싶은 일들을 적어 놓은 리스트를 말한다. 중세 유럽에서 교수형에 처할 때 목을 건 죄수를 양동이(bucket) 위에 올려 놓았던 데에서 유래된 말이다.

누구에게나 힘들고 소중한 삶이지만 그 시간은 유한하다. 버킷리스트를 글의 소재로 삼아 글쓰기를 해 보는 것도 좋다.

먼저 버킷리스트 질문이다.

① 어린 시절 하고 싶었던 것이 무엇이었나?

② 내가 가장 즐겁게 했던 일은 무엇인가?

③ 3시간이 지났는데도 마치 3분처럼 느껴졌던 일은 무엇인가?

④ 그동안 일상과 생업으로 인해 미루어 왔던 일은 무엇인가?

⑤ 다른 사람이 하는 것을 보고 '나도 해보고 싶다.'라고 생각한 일은 무엇인가?

⑥ 앞으로 하지 못하면 정말 후회가 될 것 같은 일은 무엇일까?

질문에 어느 정도 답을 했다면 작성법을 소개한다.

① 현재 상황을 염두에 두지 않고 자유자재로 하고 싶은 일들을 마음껏 써 본다.

② 죽기 전에 '해야 할 일'이 아니라 '하고 싶은 일'을 적는다.

③ 하고 싶은 일들을 비슷한 주제별로 묶어 정리한다.

④ 기준을 세워 우선순위를 둔다. (가장 중요한 것, 가장 먼저 할 수 있는 것)

⑤ 리스트별 달성 기한을 정한다.(1년, 5년, 10년 버킷리

스트로 구분) 웰다잉

가보고 싶은 곳, 하고 싶은 말, 듣고 싶은 말 등을 적어보면서 차근차근 글쓰기를 해보자. 버킷리스트를 수정하면서 자신이 선호하고 좋아하는 것을 발견할 수 있으므로 나 자신을 더욱 잘 알게 된다.

작성한 버킷리스트를 블로그나 SNS에 공유하면 실천력과 성취감이 더 커질 수 있다. 디지털에서의 글쓰기 장점은 비공개, 공개가 가능하므로 편안하게 쓸 수 있다.

디지털 세상에서의 글쓰기의 장점은 펜과 종이가 아닌 디지털 기기(PC, 스마트폰)로 쓸 수 있기에 방대한 양의 글도 저장이 수월하고 언제든지 작성한 쉽게 글을 꺼내서 볼 수 있으니 편리하다.

글쓰기에 사진, 영상도 첨가할 수 있어서 글 내용이 더욱 풍부해지고 읽기에도 눈이 즐겁다. 무엇보다 독자만이 글을 읽는 것이 아니라 독자의 글도 내가 읽을 수 있다는 것. 내가 독자가 되고 독자가 내가 될 수 있는 구조. 내가 쓴 글을 다른 사람이 읽고 내가 또 그 사람의 글도 읽을 수 있으니 서로가 글쓰기에 도움을 주고받을 수 있다. 이 부분이 디지털 세상에서의 글쓰기에 대한 매력이 아닐까?

PART 5

마음의 평온함을 유지하라

자신과 연애하듯 살아라.

자부심이란 다른 누구도 아닌

오직 당신만이 당신 자신에게 줄 수 있는 것이다

시니어의 삶, 마음먹기에 달려있다

"우리가 노화를 어떻게 방지해요. 진시황도 죽었는데, 억지로 역류하려고 하면 힘들어요. 햇빛은 찬란하고 인생은 귀하니까요." 장명숙 유튜버 밀라논나

친정아버지는 음악을 좋아하셨다. 학교 다녀오는 길에 집 입구부터 음악 소리가 들린다. 지금이라면 소음공해라고 민원이 들어갔을테지만 그때는 '그러려니'하고 대수롭지 않게 생각했다. 음악소리가 들리지 않을 때는 오히려 아버지의 안부를 물어오기도 했다.

어느 날은 ABBA의 '댄싱퀸' 노래가, 어느 날은 이미자의 '동백아가씨' 노래가 울려 퍼지곤 했다. 내가 기억하는 아버지의 모습은 늘 LP판을 닦고 스피커를 만지고 오디오를 매일 뜯어서 고치는 허리 구부정한 모습이었다.

세월이 흘러 나이가 들수록 음악 듣는 시간이 더 늘어났고 뭔가를 만지작거리며 뜯어고치는 시간은 밤낮이 없었다. 그런 아버지의 모습이 이해가 가지 않았고 불만이었다. 지금 아버지의 나이가 되고 보니 그 모습이 이해가 된다.

아버지는 소일거리를 찾고 애써 시간을 보내는 과정이었다. 뇌졸중으로 쓰러져 몸이 불편해지면서 외출은 힘들었고

집안에서만 생활했다. 지금 돌이켜보면 아버지는 음악으로 마음을 치유하고, 멀쩡한 오디오를 뜯었다 붙였다 하며 시간을 보내고 있었던 것이다.

지금 내가 사는 시대는 부모님이 살았던 시대와는 다르게 풍요로움과 자유, 그리고 건강이 있다. 50세가 넘어가면서 숫자가 주는 중압감 때문인지 삶에 대한 생각도 늘어난다.

'무엇이 제일 중요하고 어떻게 해야 남은 50+ 삶을 잘 살 수 있을까? 이런 고민은 나만의 생각은 아닐 것이다. 몇십 년을 살아왔어도 우리에게 또 어떤 삶이 펼쳐질지 모른다. 하지만 그 삶이 어떤 모습으로 오든지 내 마음먹기 나름이다.

유튜버 '밀라논나'는 이렇게 말한다. '밀라논나'는 '밀라노와 서울을 오가는 할머니'란 뜻이다.

"인생이 두 번이면 남들이 원하는 대로 살겠지만, 한 번인 걸 어쩌겠어요. 날마다 극기 훈련하듯 살았습니다. 나는 명품이란 말을 좋아하지 않아요. 왜냐하면 우리가 다 명품이잖아요? 자신이 명품이라는 긍지를 가지고 살면 됩니다. 나이 드니까 참 좋아요. 지맘대로 할 수 있으니까요."

젊음을 부러워하지 않는 멋진 액티브시니어다. 우리는 저마다 열심히 살았고 앞으로도 그렇게 살 것이기에 공감한다.

　발달 심리학자 에릭슨(E. H. Erikson)은 인간의 생활주기의 발달 단계를 8개로 구분했다. 그중에서 우리가 속한 노년기의 발달과업은 바로 나 자신과의 화해다.

　우리 민족에게는 '한'의 정서가 깊다. 하고 싶어도 하지 못한 것에 대한 한, 가족들을 돌보다 마음에 상처가 되었던 한, 자라면서 받았던 한 등 개인 사정에 따라 다양한 한을 가지고 있다. 이런 '한'들을 잘 풀어서 자신과 화해해야 한다.

　하고 싶어도 하지 못한 것에 대한 한은 다른 취미생활로 풀고 가족에게 맺힌 한이 있다면 나의 감정을 표현하고 대화하며 풀면 된다.

　내가 하는 방법 중의 하나는 나의 말을 잘 들어주고 공감대가 잘 형성되는 친구와 속 이야기를 시원하게 하는 것이다. 부부싸움을 하고 친구에게 속상한 마음을 얘기하면 그 친구는 가만히 들어주고 맞장구쳐준다. 친구가 그리 고마울 수가 없다. 친구에게 얘기하고 나면 속이 시원해진다.

　말과 글 또는 다른 활동으로 최대한 마음에 있는 것을 풀어서 자신과의 화해를 하면 앞으로 다가오는 시니어의 삶을 잘 살아갈 수 있다.

중장년, 액티브시니어들이여, 내 자신과 화해하며 멋지게 나이 들어가고 싶지 않은가? 나는 치매예방 강의를 할 때 '당신 멋져'라는 말을 자주 사용한다.

'당' 당당하게 살자.

외국인이 볼 때 우리나라 사람들의 새까만 머리, 많은 십자가 그리고 여학생과 젊은 여성들이 앞머리에 헤어 롤을 매단 채 활보하는 모습이 인상적이라고 한다.

예전과는 달라진 세대의 당당함. 우리에게도 필요하다. 밖으로 나갈 때마다 턱을 안으로 당기고 머리를 꼿꼿이 세운 다음 숨을 크게 들이마셔라. 당당해지자.

'신' 신나게 살자.

나이 드는 것은 어쩔 수 없는 것. 우울해하지 말고 웃으면서 신나게 살도록 노력하자. 운동도 신나게, 공부도 신나게, 지금 자신이 하는 모든 일들을 신나게 하는 거다. 오늘은 다시 오지 않는다.

'멋' 멋지게 살자.

청결하고 깔끔한 외모로 나를 이미지 메이킹 하자. 나의 옆 동지는 눈 아래 주름이 처져서 현대 의학의 도움을 받았는데 달라진 모습에 자신감을 갖고 생기있게 지낸다. 무리하지 않은 선에서 고쳐 쓸 수 있으면 고쳐 쓰는 게 좋다.

또한 친절한 말씨, 부드러운 말씨로 대화하는 것도 나를 이미지 메이킹 하는 것이다. 특히 젊은 세대와의 대화에서는 하대하는 듯한 반말은 삼가는 것이 좋다.

'져' 져주면서 살자.

저마다 많은 세월을 살아오면서 경험으로 얻어진 지혜는 많다. 자기만의 지혜를 고집하면 그것은 아집이 되고 욕심이 된다. 욕심내지 말고 내려놓자. 나이 들어서 욕심내는 것 보이면 추해 보인다.

열심히 살아온 우리에게 오늘도 '당신 멋져' '000 멋져 자신에게 엄지척하면서 즐겁게 살아보자.

인생은 생각하는 만큼 바뀐다

"당신이 반복적으로 하는 행동, 그것이 바로 당신 자신이다. 그러므로 탁월함은 행동이 아니라 습관이다."

아리스토텔레스

애플 CEO 팀 쿡(Tim Cook)은 새벽 3시 45분에 하루를 시작한다. 미셸 오바마(Michelle Obama)는 4시 30분에 일어난다. 영향력 있는 사람들이 아침 일찍 일어나는 이유는 더 생산적인 하루를 보내기 위함일 것이다.

일찍 일어나는 새가 벌레를 잡아먹는다는 유명한 말이 있다. 똑같이 주어지는 시간이지만 좀 더 효율적으로 이용하고 보다 알차게 보내기를 바라면서 독자들에게 하고 싶다.

"지금보다 한 시간 일찍 일어나라."

코로나19로 인해 젊은 세대들에게 선풍적인 인기를 끄는 루틴(습관)의 하나가 새벽 기상, 미라클 모닝이다. 새벽 기상, 미라클 모닝은 같은 의미다. 새벽 기상은 단순히 새벽에 일어나는 것만이 아니라 아무에게도 방해받지 않는 자유로운 시간을 유용하게 사용하여 의미 있는 일들을 한다.

독서나 운동, 자신이 그날에 하고자 하는 일들을 계획하는 시간으로 습관을 만든다.

나도 새벽 기상을 한다. 일어나서 새벽에 갖는 그 한두 시간은 다른 어느 시간보다도 조용하고 맑으며 나를 돌아보게 하는 데 더할 나위 없이 좋다.

나이 들면 잠이 없어진다고 하는데 그렇지도 않다. 나는 하루에 보통 7시간은 자야 몸과 머리가 개운하다. 앞서 말했지만 평균 7시간의 수면이 뇌를 건강하게 만들기에 새벽 기상을 위해선 일찍 자도록 노력한다.

일어나서 하는 일은 먼저 기도를 한다. 그리고 간단한 스트레칭을 하고 책을 읽고 글을 쓴다. 공부할게 있으면 공부를 한다. 다른 어느 시간대보다 집중이 잘되고 기억에 잘 남는다.

생각하는 만큼 인생은 바뀔 수 있다. 작은 것부터 습관을 만들어 보자. 새벽 운동시간이 본인의 건강에 무리가 되지 않는다면 운동을 하는 것도 추천한다. 여기서 말하는 운동은 간단한 스트레칭이나 산책 정도의 걷기이다.

매번 같은 길을 걸어도 새로운 것을 발견하게 된다. 날씨도 계절도 나의 기분 상태, 컨디션에 따라 보이는 게 다르고 느낌 역시 새롭다.

새로운 것을 찾으려고 집중해 보자. 무언가를 발견하게

되면 기쁨이 올 것이다. 이 기쁨은 작은 일에서부터 시작되고 하루를 즐겁게 해준다. 뇌를 자극하는 치매 예방에도 이것만큼 좋은 게 없다.

매일 신문이나 책을 읽거나 팟캐스트를 들어보자. 나는 종이신문을 2개를 구독해서 본다. 아날로그 세대여서 그런지는 몰라도 종이신문이 보기 편하다. 중요하거나 뭔가 자료로 남기고 싶은 게 있으면 스크랩하는데 가위로 쓱쓱 오려서 모아 놓기에 편하다. 물론 디지털로 모아 놓는 자료들도 있지만 종이신문이 편하다.

정치문제는 제쳐두고라도 사회적 문제에 대한 논평, 칼럼 등을 눈여겨본다. 뉴스에는 보도되지 않는 새로운 내용도 볼 수 있고 천천히 읽을 수 있어서 편하다.

시간이 여의치 않을 때는 며칠씩 모아 두었다가 보기도 하는데 한꺼번에 볼 때는 밀린 숙제를 한 듯한 느낌마저 들어서 개운함도 느낀다.

독서가 좋다는 것은 두말하면 잔소리다. 나이가 들면 노안이 와서 독서하기를 꺼려하는 분들도 있다. 하지만 무엇이든 마음먹기에 달려있다. 많은 양의 독서가 아니라도 짧은 문구 하나 몇 장 정도의 독서는 그다지 눈을 피로하게 하지 않는다.

눈으로 읽는 것이 불편하다면 귀로 읽는 '오디오북'도 있다. 독서를 하면 사고 수준이 높아지면서 성공과 실패에도 초연해질 수 있다.

좋은 책을 만나면 생각이 바뀌고 생각이 바뀌면 인생도 바뀐다. 독서를 하면서 우리의 잠재의식 속에 풍부한 지식과 감성을 저장해 두자. 필요한 순간이 되면 그 정보들이 인생의 지혜로 여러분을 도와줄 것이다.

혼자서 독서를 하는 것도 좋고 독서 모임을 하는 것도 좋다. 같은 책을 선정해서 몇 사람이 기간을 정해서 읽고 같은 주제로 토론하는 형식인데 이것도 추천한다. 가까운 도서관이나 삼삼오오 모이는 동아리 등에서 찾아볼 수 있다.

나는 디지털 대학 MKYU에서 독서모임을 하는데 할 때마다 느끼지만 같은 책을 읽었음에도 불구하고 생각의 다양함을 듣는다. 폭은 넓어지고 깊이는 깊어지는 새로운 변화 곧, 생각의 전환을 맛보는 것이다.

팟캐스트라는 용어는 생소할 수도 있다. 팟캐스트는 인터넷망을 통해 다양한 콘텐츠를 제공하는 서비스인데 기존의 라디오 프로그램과 달리 방송시간에 맞춰 들을 필요 없이 구독만 해 놓으면 자동으로 업데이트되는 프로그램이다.

팟캐스트는 아날로그 시대의 라디오가 여러 가지로 업그레이드된다고 보면 이해하기가 편하다. 스마트폰에 플레이스토어나 앱스토어에서 '팟캐스트'를 다운로드하면 편리하게 들을 수 있다. 유료가 아닌 무료다.

인생은 생각하는 만큼 바뀐다. 좋은 습관은 우리가 뿌리를 내리게 하는데 상당한 도움을 준다. 인생이라는 텃밭에 여러 가지 습관들을 심어보자. 그 좋은 습관들이 자라서 뿌리가 깊은 나무나 열매를 맺게 되면 우리의 인생은 꽤 괜찮은 모습으로 남아있을 것이다. 나이 들수록 시간은 제트기를 타고 가는 듯하다. 그 귀한 시간을 허투루 보내지 말자.

어느 때보다도 많아진 시간을 그날이 그날처럼 보내지 말고 성장하는 날들로 채우는 거다. 시간 부자로 시간이 여유로운 것이 얼마나 감사하고 행복한 일인가?

더 많이 더 자주 소통하자

"대개 사람의 호감이란 먼저 남이 표시해 준 것에 대한 반응으로 나타나는 것이다. 따라서 기다릴 것이 아니라 당신이 먼저 주어야 한다." 로렌스 굴드

도쿄 건강장수의료센터는 도시에 사는 65세 고령자 2,427명을 대상으로 외출 건수와 사회적 교류 정도를 조사했다. 그 결과 남성은 나이 들어 타인과 교류, 교제에 더 힘써야 하고, 여성은 바깥출입 횟수를 늘려야 더 나은 건강을 누릴 수 있다고 한다.

나이 들수록 혼자 있지 말고 더 어울리고 더 소통해야 한다. 소통한다는 것을 어렵게 생각하지 말자. 여러분들이 아무리 무관심한 사람일지라도 상대에게 먼저 관심을 보이면 그들도 여러분에게 관심을 보일 것이고 그러면 소통이 되는 것이다.

먼저 다가간다고 이상하게 볼까봐 걱정을 하시는 분이 있다면 걱정 붙들어 매시라. 오히려 먼저 다가와 준 여러분에게 고마워할 것이다.

먼저 내가 사랑하는 가족 부모, 자녀, 형제와 소통을 하는 거다. 그동안 관계가 소원했다면 만나서 대화를 해보자. 만

나기가 힘든 상황이면 전화라도 걸어서 안부를 물어보자. 별다른 말 안 해도 서로의 근황을 물어보고 건강을 챙긴다면 마음이 따뜻해진다. 혹시 서운한 감정이 있다면 대화로 풀어보자 힘든 감정을 갖고 있으면 자신만 더 고달프다.

요새는 성인이 된 자녀들과 만나는 것도 쉽지 않다. 일단 가족 구성원 각자가 바쁘기에 식사를 한번 하려고 해도 서로의 스케줄을 봐야 할 때가 많다.

그럼에도 불구하고 '가족모임의 날'을 정하고 소통을 하자. 맛난 것 먹으면서 밀린 얘기도 하고 힘든 얘기, 기쁜 얘기도 하면서 가족의 사랑을 느끼는 시간을 갖는다. 의무적이라도 대화하는 시간을 만드는 것이 좋다.

가까운 이웃과 소통하는 것 또한 숨통이 트일 때가 있다. 동네 이웃이나 취미생활로 만난 동아리나 단체, 같은 것을 배우는 배움터에도 이웃이 있다. 거기서 친구를 만드는 것이다.

나이가 들수록 친구 사귀기는 쉽지 않다. 학창 시절에 만난 친구들은 세월과 더불어 저마다 떨어져 있으니 내가 지금 있는 곳, 자주 접할 수 있는 곳에서 친구를 만나는 것이다. 공통된 주제로 소통할 것이 있으니 말이 통하고 자주 어울릴 수 있는 것이 큰 장점이다.

일본에서는 노쇠를 측정하는 지표에 '일주일에 몇 번 남과 어울립니까?' 라는 질문이 꼭 들어있다고 한다. 자주 어울려야 안 늙는다.

코로나19로 인해 집 안에 있는 시간이 늘어났고 누구를 만나기가 사실 힘들어졌다. 대면 만남으로 소통하기가 힘들어졌다고 해서 마냥 혼자서만 있을 수는 없다. SNS를 통한 비대면 만남도 좋다.

블로그, 인스타, 유튜브, 줌(ZOOM)으로 새롭게 만나고 소통을 하면 된다. 디지털 세상에서 나를 드러내고 지역, 인종, 세대의 상관없이 다양한 사람들을 만나서 새로운 세상을 경험해 보자.

나는 2년 가깝게 SNS를 하면서 정말로 신비하고 감동의 만남을 많이 가졌다. SNS 소통을 하면서 수많은 정보를 얻고 그것으로 나를 발전시키고 성장할 수 있었다.

지역적으로 멀리 떨어져 있어서 만날 수도 없는 사람들과 줌(ZOOM)으로 만나고 댓글로 소통하면서 서로를 알아갔고 혹여 만날 수 있는 지역이면 직접 만나서 소통도 했다. 그야말로 몇 년 만난 사이처럼 친근했고 금방 언니, 동생, 친구 하면서 애기 보따리를 풀 수 있었다.

블로그로 일기를 쓰면서 속상했던 일들, 기뻤던 일들을

적기도 했는데 힘들 때는 응원 댓글로 위로를 받았고 기쁠 때는 함께 좋아해서 기쁨이 두 배가 된 적도 많았다.

새벽 기상을 하면서 서로를 응원하고 힘을 주는 멘트와 함께 시작하니 하루 일과가 너무도 쉽게 풀렸다.

SNS는 가입 절차가 간단하고 제약이 되는 부분이 없기 때문에 남녀노소 누구나 가입이 쉽고 편하게 사용할 수 있다. 중장년, 시니어들은 두려워하지 않았으면 한다. 사람들은 누구나 관심과 호감을 바라고 있다. 내가 먼저 용기를 내서 그들에게 노크를 하는 것은 어떨까? 디지털 세상에서는 선택이 아닌 필수인 SNS로 꼭 소통하기를 바란다.

나이를 먹는다는 것은 어느 날에는 두렵기도 하다. 체력적으로 약해지는 것은 어쩔 수 없지만 마음까지도 약해지는 것을 느낄 땐 괜스레 마음이 움츠려지기도 한다. 젊었을 때는 겁도 없이 했던 일들이 어느 순간에는 슬쩍 발을 뒤로 빼는 경우도 있고 마음처럼 몸이 안 따라주는 경험도 한다.

"종교가 인류사와 함께 해 올 수 있었던 이유는 결국 스스로 내릴 수 없는 답, 사랑이나 죽음 혹은 행복과도 같은 가치들을 스스로 생각하고 실마리를 찾을 수 있게 도움을 주었기 때문이다." 김홍주 가톨릭 사제 누구나 살면서 인생이 고달프고 실패나 고난, 노화 등을 경험할 때 그러한 문제들이 긍정적으로 빨리 회복되기를 바란다. 그럴 때 종교라는 것을 찾는데 나는 어떤 종교가 됐든지 간에 한 가지씩은 가졌으면 좋겠다.

종교를 가짐으로써 생애를 더욱 폭넓게 바라보는 안목이 생기고 자녀 세대에게 귀감이 되는 본보기로 보여주는 데도 탁월한 영향을 준다. 참고로 나는 천주교 신자이다. 성당에서 시니어 분들이 종교생활을 하면서 서로 모임을 갖고 활동적으로 소통하는 모습을 보면 참으로 보기가 좋다.

이기적으로 자신만 성장시키는 것이 아니라 서로 안부를 물으며 다른 사람이 잘 되기를 바라는 사람들의 모임들. 이런 모임들은 국가, 사회적으로도 좋은 영향을 주고 젊은 세대들에게도 좋은 귀감이 된다.

젊은 사람들과 소통을 할 때는 '라떼는 말야~'의 말보다는 '따뜻한 라떼'를 사용하도록 하자. 취업이 안되거나 시험에 합격하지 못해서 속상해하는 세대를 보면 "괜찮다. 잘하고 있다. 나 때는 너희만큼 못했다."라고 응원을 해 주는 말, "눈치 보지 말고 네 뜻대로 해.", "너희 세대는 다를 수 있겠구나"라는 말로서 흔히 MZ세대가 말하는 꼰대가 되지 말고 위로해 주는 어른이 되도록 노력하면서 젊은 세대와 소통하고 시니어 자신도 성장할 수 있기를 바란다.

노동? 이제는 즐거움!

"사람은 항상 일하지 않으면 안 된다. 일을 함으로써 살아가는 의미나 행복을 모두 찾아낼 수 있다." 안톤 체호프

우리나라 2019 고령자 통계청에 의하면 중산층의 '60세가 넘어도 계속 일할 계획이 있다.'라는 질문에 80.8%가 응답을 했고 반면에 미국은 55%가 응답을 했다. 취업을 원하는 이유는 우리나라는 '생활비 보탬'이 60.2%이고 미국은 '활력 및 사회적 관계 유지'가 상위를 차지했다.

아직 우리나라의 경제적 노후 준비가 부족한 것을 간접적으로 나타내고 있다. 노후 준비를 떠나서 '일'은 삶의 활력을 줄 수 있기에 노후에 하는 일은 필수라는 생각이 든다.

일이 주는 의미는 다양하다.

첫째, 제일 중요한 의미로 돈을 벌 수 있으니 생계유지를 가능하게 해준다. 여태껏 이 모양 저 모양으로 일을 하면서 인생을 잘 꾸려왔으니 여러분들은 대단하고 귀하신 분들이다.

둘째, 일은 규칙적인 생활이 가능하도록 나를 이끌어준다. 중장년, 시니어들에게는 특히 이 부분 때문이라도 일을 해

야 한다. 시간이 부자이면 나태해지기 쉽고 특히 건강에는 좋지 않으므로 적은 시간을 투자하더라도 일은 해야 한다.

셋째, 사회에서 인간관계를 맺어주는 기본적인 장소를 제공해 준다. 나이 들면서 일을 하지 않으면 사회와 단절될 확률이 높아지므로 아직 은퇴를 하지 않은 분들이 있다면 은퇴는 최대한 늦추는 것이 좋다.

해야 할 일이 있다는 것은 행복한 일이다. 일을 하고 난 후 휴식을 갖는 것 또한 축복이다. 일은 엄연한 노동이지만 노동이 갖는 부정적 의미보다는 긍정적인 의미인 즐거움으로 생각을 전환하면 기쁨이 되고 행복이 된다.

우리나라 사람들에게 커피는 기호식품에 단계를 넘어서 필수의 음료로 자리 잡았다. 그래서 그런지 한 건물마다 카페가 휴대폰 가게와 더불어 한두 개씩은 꼭 있다.

내가 사는 동네에는 유난히 카페가 많은데 그중 한곳에는 60대 후반의 바리스타가 계시다. 항상 젊게 옷을 입고 있어서 나이 얘기를 듣고 깜짝 놀랐다.

바리스타 자격증을 따서 가게를 차렸는데 그야말로 동네 사랑방이 따로 없다. 항상 미소 가득한 얼굴로 손님을 맞기에 내가 물어보았다.

"힘들지 않으세요?"

"이곳에 찾아오는 사람들과 얘기하면서 웃고 커피를 만드는 일이 재미있어요. 큰돈은 벌지 못하지만 그래도 행복해요."

하며 미소 가득한 얼굴로 바닐라라떼를 건넨다.

내가 다니는 성당에 50대 후반에 루시아님은 사회복지사이다. 인터넷 강의로 50대 중반에 공부를 하고 자격증을 딴 후로 현재는 재가방문요양센터에서 사회복지사로 근무하고 있다.

"제가 55세에 사회복지사 자격증을 취득했는데요. 공부 시작하는 것도 두렵고 용기도 제 필요했어요. 자격증을 따더라도 과연 취업을 할 수 있을까? 하는 걱정도 했지요. 나이가 너무 많게 느껴졌거든요. 그런데 재가 센터에 취업을 해서 일을 하다 보니 젊은 사람보다는 저같이 나이 든 사람이 더 잘 할 수 있는 일이더라고요.

어르신 댁을 방문해서 그분들의 고충과 이야기를 듣는 데는 젊은 사람이 공감하지 못하는 감성을 느낄 수가 있어요. 내 부모 같기도 하다. 그분들이 한마디 하면 무엇을 필요로 하는구나 금방 알아차릴 수가 있더라고요.

현시점에서 사회 정년이 60세인데 제가 하는 일은 건강이 허락되면 정년이 필요 없어요. 만약에 더 이상 이 일을 할 수 없을 때는 전 요양보호사 일을 할 겁니다. 힘이 닿는 한 전 일을 계속할 겁니다."

용기 내서 늦게 시작한 공부로 새로운 직업을 가진 루시 아님의 표정은 정말 당당했다. 일을 하는 데 가치를 부여하고 향후 앞으로의 계획도 확실히 설계하며 행복해하는 모습은 보는 이로 하여금 미소를 짓게 한다.

수십 년 다니던 직장을 60세에 정년 퇴임한 은석님은 제2의 직업인 조경 일을 한다.

"퇴직 후 막막했는데 고용노동부에서 상담을 받았지요. 어떤 일을 하고 싶냐고 물어보더라고요. 원래부터 꽃과 나무 가꾸는 것을 좋아해서 그것과 관련된 일을 배우고 싶다고 하니까 안내해 주었습니다.

내일 배움 카드를 발급받아서 6개월간 공부하고 조경기능사 자격증을 땄지요. 처음엔 골프장에서 일했는데 사실 처음 하는 일이라 몸이 힘들기는 하지만 마음은 편안하고 좋았습니다. 일을 할 수 있다는 게 너무 감사하고 행복합니다."

몸은 고달프지만 즐겁게 일을 할 수 있다는 말은 생각의 전환일 것이다. 일을 단순히 노동으로만 생각하는 것이 아니라 그 일에서 내가 좋아하는 것의 의미를 찾고 그래서 즐겁게 일을 할 수 있다면 그보다 더 좋은 것은 없다.

어린이집에 3시간씩 근무하는 영숙님은 시니어 교사다. 보육교사들의 휴게시간을 대치해 주며 잠깐씩 아이들을 돌보거나 어린 영아나 유아들에게 동화책을 읽어주는 영숙님 역시 일이 즐겁다고 말한다. 긴 시간도 아니어서 크게 무리가 가지 않고 나머지 시간에는 자신이 하고 싶은 일을 배우기도 하니 이렇게 마음의 여유가 있을 때가 없었다고 한다.

일은 축복이고 나를 가치 있게 하며 행복하게 만들어 준다. 이미 쌓인 경력이나 노하우가 있다면 그것을 사장시키지 말고 고용노동부에서 운영하는 '중장년 일자리 희망센터'는 자신의 경력을 통해 재취업, 창업을 도와 평생 현역 활동을 할 수 있게 지원해 준다. 전국에 32개가 있다.

마음과 의지가 있으면 반은 먹고 들어간다. 열심히 일할 수 있는 곳을 찾았으면 그것에 맞게 나를 변화시켜보자. 나이 들수록 일을 할 때는 과거에 내가 어느 위치에 있었고 어떤 일을 했는지에 너무 연연해하지 않았으면 좋겠다.

물론 예전보다 더 성장한 일을 하면 더할 나위 없이 좋겠지만 설령 그렇지 못하더라도 지금의 내가 건강하게 일을 할 수 있다는 것에 감사함을 갖고 즐겁게 하기를 바란다.

욕심을 내려놓으면 모든 것이 편해진다. 나 역시 욕심도 내 보았지만 인생살이가 내 맘대로 되지 않는다는 것을 몇 번의 실패로 경험을 해 보았기에 자신있게 말할 수가 있다.

일을 하면 하루가 규칙적으로 변한다. 짧은 시간의 일이라도 노동이라 생각하지 말고 감사함으로 일을 해 보자.

시간으로 투자하는 배움

"나이 든다는 것은 등산하는 것과 같다. 당신은 이 바위에서 저 바위로 오른다. 오르면 오를수록 더 지치고 숨차지만, 당신의 시야는 점점 넓어진다." 잉마르 베리만

나이는 한계가 아니다. 다르게 표현하면 나이를 먹는다는 것은 새로운 나의 재능을 발견하고 성장시키는 것이다.

공부는 때가 있다. 나이가 들면 더 이상 새로운 것을 습득하기에는 여러 상황이 여의치 않아서 힘들다는 뜻인데 지금 시대는 바뀌었다.

디지털 세상에서 마음만 먹으면 얼마든지 배울 수 있는 시스템이 너무나 잘 되어 있다. 배울 수 있는 환경과 나이가 들면서 체험했던 많은 경험이 한데 어우러지면 사고하는 수준이나 어휘력도 상상할 수 없을 정도로 높아진다.

최고령 수능 도전자인 박선민(82) 할머니는 30여 년간 직장을 다니며 초등학교 졸업이라고 학력을 속여 왔다는 죄책감에 초, 중, 고 검정고시를 합격하고 3번째 대학수학능력시험까지 준비하셨다고 한다. 열심히 공부하다 보니 심장이 안 좋아져서 아들과 손자가 공부하는 것을 싫어해 밤에 스

탠드 켜놓고 공부를 한다는 할머니.

배우는 게 너무 즐겁고 행복하다며 사회경영학과에 가서 자신처럼 배움에 굶주린 사람들에게 한글을 가르쳐주고 싶다고 한다. 할머니의 배움에 대한 간절함이 느껴졌다.

나도 수년 전에 중, 고등 검정고시 준비하시는 60~70대 분들에게 수학을 지도한 적이 있었는데 정말로 그 열정이 대단했다. 한 분은 회사에 다니면서, 또 다른 분은 택시 운전을 하셨는데 몸이 고달픔에도 불구하고 배움에 대한 열의와 그 속에서 기쁨을 찾는 모습을 보면서 내 자신이 숙연해졌다.

NH투자증권 100세 시대 연구소에서 발표한 중산층 보고서에 따르면 제2의 직업에 대한 준비는 25.4%에 불과해 '60세가 넘어도 계속 일하겠다는 높은 답변(80.8%)에 비해 실질적인 준비는 매우 부족한 상태이며 자산이 적어 더 열심히 노후 준비를 할 것 같은 하위층보다 중산층이 제2의 직업을 위해 더 노력하는 것으로 나타났다.

노후에 대한 막연한 로망과 또한 불안감은 공존하지만 이에 대한 적극적인 준비는 부족한 현재의 예비 시니어들. 나이는 저절로 들지만 안정된 노후의 삶은 저절로 만들어지는 것이 아니기에 노후의 삶을 위하여 부지런 떨면서 배우고 익히는 것이 답이다.

 '아빠의 D-Day, 시작해도 괜찮아'라는 유튜브를 보았다. 여기서 D-Day는 아빠의 퇴직 날로 가족 모두가 저장해 놓은 날이었다. 퇴직하고 돌아오는 아빠의 한 손에는 치킨과 음료가 들려있다. 허탈하게 집으로 돌아오는 모습과 함께 집 현관문을 여는 순간 가족들이 '수고하셨습니다.'라고 케이크를 준비한 모습에서 환하게 웃는 아빠의 얼굴에 가슴이 찡해졌다.

 이 영상 하단에 '라이나 전성기 재단11)'이라는 것이 있어 검색해 보니 운영하는 웹사이트가 있었다. 50세 이상이면 무료로 가입할 수 있고 유익한 정보들도 꽤 있는데 캠퍼스와 매거진에는 다양한 인문학, 역사투어, 수필 등이 소개되어 있다.

 100세 시대에 제2의 제3의 노년을 준비하는 활동적 장년 액티브시니어는 자기 계발 욕구가 강하다. 2021년 통계청 사회조사에 의하면 '노후를 보내고 싶은 방법'으로 남자는 여자보다 상대적으로 취미 활동, 소득 창출 활동에 대한 선호도가 높은 반면, 여자는 여행 관광 활동, 학습자기 계발

---

11) 라이나 전성기 재단 → 전성기 서비스 바로 가기를 클릭하면 쉽게
   찾아볼 수 있으니 검색해 보길 바란다.

활동에 높은 선호도를 보였다.

액티브시니어에게 자기계발은 사회에서의 경쟁력 강화를 위해 했던 젊은 시절의 자기계발과는 차이가 있다. 요즘에는 자기계발을 할 수 있는 교육 시스템이 많이 있다.

어려서부터 하고 싶었는데 가정 형편상 못했던 일, 꿈은 있었으나 이루지 못했던 일 등 여러 가지가 있을 것이다. 스포츠도 배우고, 댄스도 하고, 사이버 대학에 들어갈 수도 있다. 전문적인 지식과 기술도 배우고 새로운 외국어 공부도 할 수 있다. 그림 그리기, 음악의 관련된 것들도 얼마든지 배울 수 있다. 하고 싶고 배우고 싶은 마음이 들었다면 도전해 보는 거다.

평생학습포털 강좌, 경기도 평생학습 포털 지식-GSEEK, 원 데이 클래스, 시니어 어학연수 프로그램, 평생학습관, 주민자치센터의 교육 프로그램 이용 등 정말로 많은 곳에서 원하는 것을 배울 수가 있다. 대부분이 무료이다.

또한 국민 내일 배움 카드를 이용해 배우는 방법도 있다. 월 임금 300만 원 이상 45세 미만 대기업 근로자는 대상에서 제외되고 누구나 신청이 가능하다. 현재 실업, 재직, 자영업 여부 상관없이 5년간 사용 가능하고 개인당 300~500만 원의 훈련 비용을 지원해 준다. 단, 실업자, 재직자 등은 훈련비의 일부를 자부담해야 한다.

신청방법은 고용노동센터를 방문하거나 '고용노동부 HRD-Net(직업훈련 포털 사이트)'를 통해서 신청이 가능하다. 주변에는 내일 배움 카드를 이용해서 배우고 싶은 강좌를 원 없이 듣고 만족해하는 분들이 많다. 나 역시 카드를 발급 받아서 공부했고 지금도 사용 중이다.

주민자치센터에서 운영하는 스포츠댄스, 여러 가지 운동 프로그램에도 참여하고 디지털 배움터에서 디지털에 관한 것을 공부해도 좋다. 마음만 있으면 배울 수 있는 시스템과 환경들이 준비되어 있는 우리나라에 태어난 것이 참으로 감사하다.

젊은 시절에 돈 버는 일에 시간을 투자했다면 50+ 인생에서는배움에 시간을 투자하자. 절대로 손해 보는 투자는 아니니 액티브시니어들이여, 배우는 시간에 투자해서 모두 그럴싸한 인생 후반부를 만들어 보자.

자신이 좋아하는 취미나 봉사 활동을 하라

"무지한 자는 자신의 이익을 위해 일한다. 현명한 자는 세상의 안녕을 위해 일한다." 《바가바드기타》 3장 25절

내가 자원봉사를 처음으로 접하게 된 것은 큰아이가 중학교 갔을 때 '학부모봉사단'에 들어가서였다. 아이들 견학이나 어떤 행사가 있을 때 도우미 역할을 했고 아이들 등하교 시 횡단보도 앞에서 깃발 들고 서 있던 봉사였다.

두 번째로 하게 된 자원봉사 활동은 성당에서 운영하던 독거노인, 저소득 집에 '도시락 배달하기' 활동이었다. 2인 1조로 도시락을 배달하고 빈 도시락을 수거해 오는 봉사로 서로 얼굴을 마주치지 않는 비대면 봉사였다. 도시락을 문 앞에만 놓고 가지고 오는 활동이었기에 누가 어느 집에 산다는 것은 전혀 모르고 봉사하는 것이었다.

도시락 배달 시 현관문 앞에 요구르트나 드링크 2개를 꼭 내놓는 집이 있는가 하면 감사하다며 손편지를 빈 도시락에 붙여서 내놓은 집도 있었다. 여름철에 땀 뻘뻘 흘리면서 봉사를 할 때 따뜻한 마음을 전달받았던 그 느낌이 아직도 생생하다.

세 번째로 봉사활동을 한 것은 치매예방 강사가 되어서

복지관이나 주간보호 센터, 요양원에서 치매예방 프로그램을 진행할 때였다. 함께하는 어르신들의 표정은 밝았고 매번 갈 때마다 복지관의 어르신들은 집에서 만들었다고 맛난 음료와 음식을 가지고 오셔서 주시곤 했다. 그때만 하더라도 코로나19가 오기 전이므로 사람들의 오고 가는 정을 온전히 느낄 수가 있었다.

나무를 심되 그늘을 바라지 말라는 말은 어떤 일을 하고서는 그에 해당하는 값이나 기대를 하지 말라는 뜻이다. 봉사활동을 하고 돌아올 때는 언제나 잘했다는 생각에 마음이 따뜻해지곤 했다.

도쿄 근방서 이뤄진 고령자 생활 연구에 따르면, 월 1회 자원봉사를 하는 사람이 아무것도 하지 않는 사람에 비해 건강 생활을 지속할 확률이 3.9배 높았다고 한다. 취미나 학습활동을 하는 경우는 1.6배 컸다.

나이가 들수록 자원봉사를 하면 신체활동을 늘리고 사람들과 대면하면서 좋은 일을 하는 것이므로 우울증을 줄일 수 있다. 인지 기능을 키우고, 이타심으로 인한 주관적 행복감을 느낄 수 있는 그야말로 액티브한 삶이다.

세상살이가 힘들어질수록 이름 모를 누군가 주변 사람을

돕고 산다는 따뜻한 이야기가 들리면 괜스레 기분이 좋다. 세상에는 착한 사람이 더 많기에 세상이 유지되는 것이다. 이런 생각이 들면 마음이 훈훈해진다.

남아공화국 최초의 흑인 대통령이자 흑인 인권 운동가인 만델라는 이렇게 말했다.

"태어날 때부터 피부색으로, 성장배경으로, 종교로 인해 남을 미워하는 사람은 없다. 사람들은 미움이라는 것을 학습하는 것이 틀림없다. 미움을 학습하고 배울 수 있다면 사랑도 학습하고 배우고 가르칠 수 있다. 인간의 마음에는 사랑이 미움보다 더 자연스럽게 와닿기 때문이다."

사랑은 자연스럽게 나오는 것이지만 미움은 학습된다는 말은 몇 번을 곱씹게 한다. 자연스럽게 나오는 사랑과 연민으로 다른 사람에게 베푸는 행동은 뇌의 쾌락 중추를 활성화시킨다. 다른 사람을 돕는 사람들이 더 건강하고 더 행복해하는 모습 때문이다.

월스트리트 저널(The Volunteering That Makes People 55+ Healthier)에 소개된 미국의 장거리 트럭 운전사였던 넬슨은 남편이 사망한 후 신체적, 정신적 건강이 나빠졌다.

양쪽 무릎을 교체하는 수술과 허리 수술로 인해 오랜기간동안 우울증에 빠져서 아무것도 할 수 없었다. 그러다가 3년 동안 테네시주 녹스빌에서 5~6세의 아이들을 대상으로 조부모 역할 자원봉사자로 활동을 하면서 그의 육체적 정신적 건강은 그야말로 몰라보게 좋아졌다.

"이제는 우울하지 않아요. 혈압도 정상이고, 혈액 검사도 정상입니다. 아이들과 활발하게 활동하면서 체중도 줄고 건강해졌어요. 아이들이 나를 움직이게 만들어요. 봉사활동을 하면 기분도 좋아지고 자기 자신이 정말로 행복해진답니다. 무엇보다도 스스로 가치가 있다는 느낌이 들어 좋습니다."

넬슨은 금전적으로 도움이 되어 시작했고 처음엔 일주일에 15시간만 활동하였지만 지금은 40시간 활동한다.

자원봉사를 하는 시니어들은 고혈압이나 심혈관 질환에 걸릴 확률이 낮고 인지 장애의 위험도 훨씬 낮아진다. 무엇보다 우울증에 걸릴 확률이 낮아지고 자존감을 높여 행복지수가 올라간다.

왼손이 하는 일을 오른손이 모르게 하라고 하지만 자원봉사는 소문을 내야 한다. 그래야 누군가 동참할 수 있다. 동참하는 그 친구 역시 소문을 내면 점점 봉사하는 사람이 많아져 온 나라가 봉사를 하게 될 것이다.

인생은 부메랑이다. 내가 하는 것만큼 돌아온다는 것을 나는 믿는다. 선을 행하면 선으로 돌아오고 악을 행하면 악으로 온다. 많은 이들이 선을 행하는 봉사를 했으면 좋겠다.

과부 마음은 홀아비가 안다고, 사회경제적 지위가 낮은 사람들이 부유한 사람들보다 오히려 더 봉사를 많이 한다. 힘들고 가난하고 아파본 사람이 어려움에 닥친 사람에 대해 공감하는 부분이 커서 그렇지 않나 하는 생각이 든다. 오프라윈프리는 봉사를 하면서 대가를 바라지 말라고 했다. 목적 있는 삶을 사는 방법 중의 하나로 자원봉사를 추천한다.

자원봉사를 하고 싶으면 '1365자원 봉사포털'에 자원봉사 이용방법, 자원봉사 모집 안내 등 많은 정보가 있다. 자원봉사를 하면 시간도 적립이 되어서 봉사점수에 따라 공영주차장 무료 이용도 가능하고 나중에 봉사 받을 일이 생길 때 본인의 봉사점수로 차감해서 사용할 수도 있다.

2021년 통계조사에 의하면 자원봉사활동에 참여한 경험이 있는 사람은 8.4%, 향후 자원봉사 참여 의사가 있는 사람은 25.4%로 2013년 이후 감소 추세라고 한다. 많은 사람이 보다 나은 정신적 건강과 마음의 평화를 위해 자원봉사의 삶을 꿈꾸었으면 하는 바람이다.

하루 5분 이상 명상을 즐겨보자

"자신과 연애하듯 살아라. 자부심이란 다른 누구도 아닌 오직 당신만이 당신 자신에게 줄 수 있는 것이다."

어니 J. 젤린스키

2014년 존스홉킨스대학교 연구진은 43개의 명상 프로그램에 대한 메타분석을 통해 그룹 명상 프로그램들이 스트레스, 불안, 우울증의 부정적인 효과를 줄이는 데 도움이 된다는 것을 확인했다.

또한 하버드 메사추세츠 종합병원에서는 명상 수련을 해온 20명의 참가자들을 대상으로 MRI를 사용해 피질 두께를 측정했는데 명상을 하는 사람들은 그렇지 않은 사람들에 비해 주의력과 관련된 뇌 부분의 피질이 더 두꺼웠다. 특히 젊은 사람보다 나이가 많은 사람에게서 더 두드러졌다고 한다.

이렇듯 명상이라는 것은 우리 신체, 특히 뇌에 미치는 영향력이 상당하다는 것을 알 수 있다. 세계에서 제일 바쁜 민족인 우리나라 사람들은 남녀노소 안 바쁜 사람이 없다. 그러니 받는 스트레스 또한 엄청 많다는 것은 미루어 짐작할 수 있다.

명상을 해야 하는 이유 중에 첫 번째는 스트레스를 감소시켜주는 것이다.

과도한 스트레스를 받으면 심장에 무리를 줄뿐만 아니라 뇌에도 영향을 주어 뇌세포들 사이의 연결을 파괴한다. 그러므로 정상적인 수면을 방해하고 우울과 불안을 생성시키며 시간이 흐르면 건강에 좋지 않은 영향을 준다.

둘째로는 집중력을 높여 뇌를 건강하게 만들어 준다.

2015년 UCLA에서 실시한 연구에서는 명상과 해마 용적의 관련성이 확인되었고, 피츠버그대학교에서 실시한 연구에서는 편도체와 미상핵 용적이 커진다는 것을 보여주었다. 중장년, 액티브시니어에게 명상이 더욱 필요한 이유는 바로 이것 기억력 강화 때문이다.

보통 명상을 하기 위해서는 조용한 장소 공간과 편안한 복장, 시간이 필요하지만 그런 환경이 아니어도 얼마든지 명상은 할 수 있다. 서서도 할 수 있고 누워서도 할 수 있으며, 걸으면서도 할 수 있다. 오랜 시간을 두고 하는 것이 아니라 하루에 5분 만이라도 여러 번 집중해서 명상하면 스트레스를 줄이고 뇌를 건강하게 할 수 있다.

집 주위를 사색하듯이 걸어 보자. 명상하기 위해서 걷는다면 같은 코스로 걷고 주의가 산만해지지 않도록 집중을 하며 구호를 붙이면 더욱 좋다.

걷는 발에 이름을 붙이는 것이다. "왼발, 오른발, 왼발, 오른발" 들리는 소리에 말을 해도 좋다. 버스 지나가는 소리, 새소리, 웃음소리 등 보이는 것을 말해도 좋다. 꽃, 나무, 아파트, 가방, 잔디 등 산책하면서 보이는 것들을 말하면 명상에 도움이 된다.

명상은 집중이다. 처음부터 잘되지 않고 일시적으로 잠깐 한다고 크게 달라지지 않는다. 꾸준히 계속해서 반복하는 것이 중요하다. 명상엔 요가도 관련이 깊다.

인도의 한 연구에서 3개월간 요가 프로그램을 실시한 참가자들은 코르티솔(cortisol) 수준이 상당히 낮아졌다는 결과가 있다.

여기서 코르티솔(cortisol)이란 외부의 스트레스와 같은 자극에 맞서 분비되는 호르몬이다. 이 호르몬은 스트레스에 대항하기 위해 신체 각 기관으로 더 많은 혈액을 방출시켜 빠른 맥박과 호흡, 근육긴장, 감각기관의 예민함이 증대된다.

코르티솔이 과다하게 분비되면 식욕이 왕성해져 지방이 축적되어 살이 찌고, 근육 단백질의 과도한 분해로 인해 근조직 손상, 면역기능 약화 등의 증상이 일어날 수 있다.

요가를 하는 방법은 방송매체나 유튜브에서 쉽게 따라 할 수 있는 것들이 많으니 선택해서 해 보기를 추천한다.

명상은 마음 챙김이다. 코로나19 장기화로 인해 많은 사람이 지치고 우울해하고 있다. 오죽하면 '코로나 블루'라는 말이 나왔겠는가. 이럴 때일수록 우리는 명상으로 마음 챙김을 해보는 거다. 자신의 현재 상태를 자각하고 다른 사람이 아닌 스스로가 자신을 돌볼 수 있어야 한다.

정신과 의사인 빅토르 프랭클린은 나치 수용소에 갇혔을 때 '죽음의 수용소'라는 책을 썼다. 그는 말한다.

"미래에 대한 기대를 상실하고 삶의 의미를 잃어버린 사람은 육체가 죽기 전 이미 정신적으로 죽게 된다."

우리는 미래에 대해 어떤 기대를 가지고 살아가고 있는가. 왜 살아야 하는지를 아는 사람은 어떠한 상황도 견뎌낼 수 있다.

우리가 누구보다 아끼고 사랑해야 할 사람은 자기 자신, 바로 나다. 인생을 살면서 많은 고난과 역경을 견뎠고 그때마다 노력을 아끼지 않았으며 열심히 살려고 애를 쓴 것은 자신만이 알 수 있다.

가족을 돌보느라 사랑하는 이를 돌보느라 애써서 잘 살아온 우리들. 점점 나이 들어 왠지 몸도 마음도 약해지는 순간이 오고 있지만 그래도 열심히 하루를 잘 버티며 살고 있다. 앞으로 더욱 힘든 일이 일어날지라도 또 견디며 우리는 잘 살아갈 수 있다. 왜냐하면, 그동안 쌓아온 내공이 있기에 버틸 수가 있다.

나를 칭찬하고 격려하며 아끼고 대견스러워하며 자랑스러워하자. 하루에 몇 번씩 나를 쓰다듬어 주며 잘 살았다고, 잘살고 있다고, 잘살 거라고 내 가슴을 따뜻하게 안아주자.

나는 명상할 때 이 마음 챙김을 하면 어떨 때는 눈물이 흐르기도 한다. 울면서 마음이 정화되는 것을 느끼고 그다음 크게 호흡을 하고 나면 속이 시원해진다. 여러분도 해보기를 적극 추천한다.

스트레스는 인간이 심리적 혹은 신체적으로 감당하기 어려운 상황에 처했을 때 느끼는 불안과 위협의 감정을 말한다. 살면서 스트레스를 받지 않을 수는 없다. 단지 그 강도가 어떤 일에는 약하고 강할 따름이지 살아있다는 증거이니 겸허히 받아들이면 된다.

어쩔 수 없이 받아들여야 한다면 그것을 잘 풀도록 생각을 전환하고 나에게 5분의 시간을 투자해서 조용히 생각하고 집중하면서 스트레스를 이완시켜 보는 거다. 우리의 앞날에 건강과 행복한 날들을 위하여.

감사, 새로운 삶의 시작

"나에게 잃은 것을 한탄하는 시간보다는 나에게 주어진 것을 감사하는 시간이 부족할 뿐이다." 헬렌 켈러

인류 역사상 가장 많이 팔린 책은 성경이다. 그 성경에서 가장 많이 등장하는 말 중의 하나가 바로 매사에 '감사하라.'라는 말이다. 감사하는 것은 나의 인격을 완성하고 행복한 삶을 살아가는 데 필수 요소이다. 이 '감사하다'라는 말은 하면 할수록 화수분처럼 더욱 생겨나는 것이라 이상하기까지 하다.

살다 보면 일이 잘 안 풀리거나 힘든 일을 겪거나 우울해질 때 여러 이유로 불평, 불만을 쏟아낸다. 사람은 근본적으로 부정적인 성격이 강해서 습관적으로 부정적인 말을 한다. 긍정적인 말은 자연스럽게 나오지 않기 때문에 애써 훈련이 필요하듯이 '감사하다'라는 말도 먼저 연습이 필요하다.

그러기 위해선 일단 마음을 넓게 가져야 한다. 사람들과 관계를 맺고 살다 보면 나를 힘들게 하는 사람, 나와 맞지 않는 사람은 늘 있기 마련인데 매사에 그 사람들에게 신경 쓰고 말 한마디에 기분 상하면 나만 피곤해진다.

깊은 강물은 돌을 던져도 흐려지지 않는다. 자존감이 약

한 사람일수록 화를 잘 내고 참을성이 없다고 하는데 인생을 오래 살아온 우리는 감정을 잘 조절해야 한다. 우리 역시 완벽한 사람이 아니기 때문에 실수도 하고 사소한 일에 쉽게 짜증을 내기도 한다. 마음을 넓게 가져 다른 이의 부족함을 덮어주는 관대한 사람이 되도록 애쓰고 그런 후에 감사함을 표현하는 연습을 하자.

감사를 표현하는 방법에는 여러 가지가 있다.

먼저 말로써 하는 것이다.

"감사합니다." "고맙습니다." "고마워."

우리가 이 말을 제일 많이 해야 할 상대가 바로 내가 제일 사랑하는 사람들이다. 그런데 우리는 애써 말하지 않아도 알거라고 생각하거나 쑥스러워서 잘 표현 하지 못한다. 지금부터라도 내가 사랑하는 부모님, 배우자, 자녀, 친구, 이웃에게 표현하는 것이다. 감사에도 기술이 있다. 구체적으로 말하는 것.

"늘 믿어주고 기다려줘서 고마워."

"잘 살아줘서 고맙다."

"된장찌개를 맛있게 끓여줘서 고마워."

둘째, 감사를 표현하는 방법에는 친절이 있다. 친절은 곧 배려하는 마음에서 시작한다. 이를테면 다른 사람을 위해서 먼저 양보하는 것이다. 이것은 겉으로는 드러나 보이지 않지만 조금씩 쌓여가며 나를 품위 있게 만들어 준다.

걸어가기 힘든 곳에서는 한 걸음 물러설 줄 알아야 하고, 걸어가기 쉬운 곳에서는 남에게 조금 양보하는 은덕을 베풀어야 한다.

배려가 몸에 익숙해지면 친절함은 덤으로 온다. 그런데 누군가에게 배려하고 친절해지려면 힘들 때가 있다. 나의 에너지가 들어가야 하고 어떨 때는 피곤하기도 하다. 그래서 연습이 필요한 것이다.

친절이 내 몸에 배고 일상화되면 어느덧 내 주변에는 나와 비슷한 사람들로 모인다. 왜냐하면 친절도 바이러스처럼 전파력이 있기에 나의 성향과 코드가 맞는 사람들과 관계가 형성되고 더불어 우리의 인간관계는 부드러워진다.

셋째, 감사를 표현하는 방법에는 봉사가 있다.

'수도자처럼 생각하기'의 저자 제이 셰티는 봉사나 자원 활동이 불우한 사람들에게 사랑을 베푸는 방법이라고 생각하지만, 실제로는 받는 사람 못지않게 주는 사람도 많은 도움을 받는다.

봉사는 분노, 스트레스, 질투, 실망 같은 부정적 감정을 감사로 바꾸는 데 도움이 된다. 봉사는 정말로 감사의 끝판

왕이며 결정체이다. 내가 받은 것을 나누며 다른 누군가에게 돌려주는 품앗이 같은 것이라고나 할까. 많은 사람이 자원봉사를 통해 감사하는 체험을 하기를 바란다.

넷째, 감사 편지나 감사 일기를 써보자. 진정으로 나에게 큰 도움을 주거나 삶에 영향력을 준 가족, 친구, 스승, 멘토에게 감사 편지를 쓰는 것이다. 말로서 표현하는 것도 좋지만 글로 표현하는 것 역시 감사의 진실함을 표현하는 적절한 도구이다.

요즘은 디지털 세상이기에 손편지 쓸 일이 없지만 손글씨로 진심 어리게 써 내려간 감사 편지를 받으면 그 마음이 더 따뜻하게 전달될 것이다. 아니면 간단한 문자 보내기로 표현을 하는 것도 좋다.

바쁜 하루를 보내면서 감사 일기를 쓰는 것 또한 감사의 삶을 사는 최고의 좋은 생활 습관이다. 작은 일이라도 감사하려고 하면 감사 거리가 넘친다.

하다못해 밥 한 끼를 먹는다고 할 때 밥이 내 입으로 들어가기까지 여러 사람의 노고로 만들어진 식탁의 맛난 음식들을 봐도 감사 거리가 많다. 감사는 하면 할수록 생겨나는 화수분이다.

독일에 설암(혀의 암)으로 인해 혀를 절단하는 수술을 받는 환자가 있었다. 의사는 마취 주사를 손에 가지고 환자에게 마지막으로 할 말이 있는지 물었다. 의료진들이 그를 지켜보면서 잠깐 침묵의 시간이 흘렀다. 아마도 그 시간은 환자가 무슨 말을 할까 궁금해하면서도 또 자신들이 저 환자라면 과연 어떤 말을 할까 생각하기도 한 시간일 것이다. 그때 그 환자는 눈물을 흘리며 말했다.

"감사합니다.", "감사합니다.", "감사합니다."

젊은 시절에는 '감사하다'라는 표현을 못하고 살았다. 그렇다고 내가 그리 나이가 많은 것도 아니지만 세상살이 이런 일 저런 일 겪으면서 살다 보니 '감사하다'라는 말이 이렇게 좋은 말인 줄 미처 몰랐다. 이 말은 나를 겸손하게 만들고 행복하게 만들고 눈물 나게 만드는 말이다.
세상에서 '사랑한다.'라는 말보다 더 강한 울림을 주는 말이며 가슴이 먹먹해지게 만드는 말이다. 조용한 시간에 이 말을 되뇌면 항상 눈물이 난다.

사랑하는 가족들과 함께하게 해 주서서 감사합니다.
하고 싶은 일을 하게 해 주서서 감사합니다.

부족함이 있기에 분발하게 해 주셔서 감사합니다.
사랑하는 이웃을 만나게 해 주셔서 감사합니다.
무엇보다 견딜 수 있는 건강을 주셔서 감사합니다.
책 쓰기를 할 수 있도록 용기를 주셔서 감사합니다.

여태껏 잘 살아온 인생, 앞으로 또 살아가야 할 50+ 인생이 우리 앞에 펼쳐져 있다. 감사함으로 다시 한번 두 주먹 불끈 쥐고 하고 싶은 것 하면서 열심히 살아보자.

에필로그

저의 책을 끝까지 읽어준 독자 여러분 감사합니다. 50+ 인생을 준비하는데 저의 책이 여러분들에게 진실로 도움이 되었으면 합니다. 특별한 사고나 질병이 아니면 오래 살 수밖에 없는 현실에서 행복하게 액티브시니어로서 살고 싶은 마음은 누구나 간절할 것입니다.

코로나19로 많이 힘들고 저도 엄청난 변화를 느끼면서 빠르게 밀려오는 디지털 세상에서 적응하려고 노력했습니다. 그래서 디지털 세상에서 강의도 하고 라이브커머스 활동도 하면서 작가도 됐습니다. 눈은 침침해지고 힘든데 열심히 했고 앞으로도 가려고 합니다.

여러분들도 세계적인 팬데믹으로 인해 많이 놀라셨고 힘드셨지요? 한 번도 가보지 않은 우리네 50+ 인생에 앞으로 어떤 일이 일어날지는 모르겠지만 조금은 더 여유롭게, 하고 싶은 것 하면서 노력하면서 재밌게 살아보자고요.

제가 이 책의 마지막 장을 쓰고는 마음이 울컥하여 눈물이 났습니다. 전 유명한 학자도 의사도 박사도 아닙니다. 그저 평범한 50대의 액티브시니어랍니다. 그런 제가 책을 냈습니다. 너무 감사하고 행복한 일이지요.

치매예방 강사가 되게끔 이끌어준 국제치매예방협회 신연

자 회장님, 코로나19로 인해 어떻게 살아야 할지 헤맬 때 방법을 제시해 준 MKYU의 김미경 학장님과 책쓰기에는 완전 아기를 걸음마부터 시작해서 걷게 해준 너무나도 고마운 지인옥 작가님, 사진을 제공해주신 다쁨핏 유시연님, 책쓰기 한다고 하니까 열렬히 응원해 준 디지털 세상에서 만난 여러 인친님들 정말 감사합니다.

언제나 깊은 배려와 인내심으로 나를 지켜봐주고 응원해 준 사랑하는 나의 옆 동지와 두 아들에게 고맙고 이 기쁨을 함께 나눕니다. 무엇보다 처음부터 끝까지 함께해 주신 하느님께 이 영광을 드립니다.

평생 스무살, 50+
나는 여전히 설렌다

1판 1쇄 발행 2022년 2월 21일

지은이 안성미

편집 문서아

펴낸곳 고찌허게북스
펴낸이 한미경
이메일 g_books@naver.com
블로그 https://blog.naver.com/g_books
ISBN 979-11-6440-936-5 (03190)

좋은 책을 만들겠습니다.
고찌허게북스는 독자 여러분의 의견에 항상 귀 기울이고 있습니다.
파본은 구입처에서 교환해 드립니다.